江海直达船舶技术丛书

江海直达船舶结构安全性
与轻量化设计

吴卫国　裴志勇　甘　进　著

科学出版社

北　京

内 容 简 介

本书主要介绍江海直达船舶船体结构安全性和轻量化设计。首先,从江海直达船舶船体结构特点出发,阐述结构强度注意事项、结构规范法设计,以及结构强度直接计算。然后,介绍航线波浪特征参数、波浪载荷计算理论和波浪载荷直接计算等内容。通过对宽扁型江海直达船舶船体结构极限强度、砰击强度和疲劳强度计算及评价方法进行阐述,构建结构安全性评价体系。为探寻江海直达船舶轻量化设计,从结构轻量化、材料轻量化、工艺轻量化等三个维度进行介绍,并从极限强度角度出发进行船体结构优化设计。最后,介绍江海直达船舶船体结构在波浪周期性动载荷作用下的动力响应,为安全合理的江海直达船舶船体结构设计奠定基础。

本书可作为江海直达船舶船体结构设计、船舶与海洋工程船体结构安全可靠性方向研究人员的参考书,也可供高等院校相关专业的研究生学习。

图书在版编目(CIP)数据

江海直达船舶结构安全性与轻量化设计 / 吴卫国,裴志勇,甘进著.
—北京:科学出版社,2023.2
(江海直达船舶技术丛书)
ISBN 978-7-03-072708-4

Ⅰ.①江… Ⅱ.①吴… ②裴… ③甘… Ⅲ.①江海直达船-船舶结构-结构设计 Ⅳ.①U674.1

中国版本图书馆 CIP 数据核字(2022)第 117820 号

责任编辑:魏英杰 / 责任校对:崔向琳
责任印制:吴兆东 / 封面设计:陈 敬

科 学 出 版 社 出版
北京东黄城根北街 16 号
邮政编码:100717
http://www.sciencep.com

北京中石油彩色印刷有限责任公司 印刷
科学出版社发行 各地新华书店经销
*
2023 年 2 月第 一 版 开本:720×1000 B5
2023 年 2 月第一次印刷 印张:10 1/4
字数:206 000
定价:90.00 元
(如有印装质量问题,我社负责调换)

"江海直达船舶技术丛书" 序

长江经济带沿线九省二市 GDP 总量占全国的 46%，其中超过十分之一来自长江航运产业。江海直达运输线承载着产业从东部沿海向中西部战略转移的货物运输重任，是推动长江经济带发展的关键环节。当前的江海直达船舶呈百舸争流之态，但是缺乏统一技术规范和节能环保标准，已成为制约黄金水道效能发挥、长江航运业高质量发展的瓶颈。

受到长江天然航道对船舶的船长、吃水的限制，以及桥梁净空高的限制，为提高载货量，获取更好的经济效益，往往需要将船舶设计成宽扁型。江海直达船舶既航行于江段又航行于海段，因此必须满足江段灵活操纵性的要求。长江航道自然条件的限制对江海直达船的推进系统和操纵性提出了更高的要求。特殊的船型使其海段航行时易产生砰击和波激振动，同时还要满足海屈服强度、极限强度、疲劳强度要求，这使得江海直达船的设计存在诸多挑战。目前缺乏合适的江海直达船舶设计理论及方法、结构强度安全可靠分析方法，以及设计指南、技术规范等，因此制约着江海直达船的推广及应用。

"江海直达船舶技术丛书"以国家重要科研项目成果为基础，围绕江海直达船型论证、高效低阻船型、高效推进系统与附体节能、适航性、振动与噪声、极限强度、砰击强度、疲劳强度等结构安全可靠性、节能环保技术等关键科学问题与技术问题，努力打造江海直达船舶技术领域的开拓之作，推动我国江海直达船舶技术研究与产业化发展。

希望本套丛书的出版填补江海直达船舶技术领域的空白，为江海直达船舶技术的发展、创新和突破带来一些启迪和帮助。同时，欢迎广大读者提出好的建议，促进和完善丛书的出版工作。

前　言

为积极推动长江经济带建设，顺应航运市场需求，宽扁型江海直达船舶应运而生。宽扁型船舶的强度和刚度偏弱，在海上遭遇恶劣海况时容易发生海损、海难事故，研究船体结构安全可靠和轻量化设计对于宽扁型江海直达船舶具有重要意义。

本书着重介绍江海直达船舶船体结构特点、波浪载荷特性，对确保结构安全的极限强度、砰击强度和疲劳强度评价方法进行阐述，从结构轻量化、材料轻量化、工艺轻量化等三个维度和基于极限强度的结构优化设计介绍江海直达船舶轻量化设计技术，以及波浪周期性动载荷作用下结构的动力响应特性。

本书第1章介绍江海直达船舶船体结构特点、船体结构规范设计、船体结构强度直接计算等船体强度与结构设计基础知识。第2章介绍江海直达船舶航线波浪特征参数、波浪载荷计算理论，以及船体波浪载荷直接计算等波浪载荷基础知识。第3章结合江海直达船舶船体结构特点，介绍极限强度、砰击强度、疲劳强度等结构安全性设计方法。第4章根据江海直达船舶船体结构特点，从结构轻量化、材料轻量化、工艺轻量化等三个维度介绍船体轻量化设计技术。第5章从极限强度角度介绍船体结构优化设计。第6章介绍江海直达船舶船体结构动力响应。

在撰写过程中，本书得到项目团队孔祥韶教授、甘进副教授、刘维勤副教授、刘正国实验师和王一雯博士研究生的大力支持和协作，硕士研究生李念、吴彤、刘开龙、蒋敬昊、张婉茵等在绘图和编辑上提供了许多帮助，在此一并表示感谢！

限于作者水平，书中难免存在不妥之处，恳请读者批评指正。

作　者

目　　录

第0章 绪 论

0.1 背 景

长江黄金水道是连接东部沿海开放、中部崛起和西部大开发的战略大通道，支撑着长江流域大物流、综合运输体系、沿江九省二市的经济和社会发展。建设长江经济带，要注重发挥水运运量大、成本低、节能节地的优势，抓好综合立体交通走廊建设，推进内河船型标准化，研究推广三峡船型和江海直达船型，鼓励发展节能环保船舶。

长江全长 6300 余公里，是我国第一、世界第三长河，干流流经九省二市，流域集聚了我国 46% 以上的经济总量。长江水运量约占中国内河水运总量的 80%。长江干线船舶的发展对中国经济发展起着重要的作用。目前，长江干线船舶存在以下问题：专业运输化程度不高，不能完全适应市场需求；现有船型不能完全适应航道、港口等通航基础设施现状及发展；船舶技术经济性能较差，竞争力不强；船舶节能环保技术应用不足；运力结构不尽合理，运输效率不高。针对当前长江干线对货运船型的需求，以及现有老龄、高耗、低效船舶更新换代的需要，很有必要开发满足航线要求的、经济环保的高性能江海直达船舶。江海直达船舶以直达方式减少中间环节，可减少货损、节约时间、节省运费、提高运输效率，进而提高产品核心竞争力；可充分发挥长江干线航道、港口等通航基础设施的潜力，增强竞争力，提高营运经济性。

环境的日益恶化带来全球气候变暖并伴随着各种灾难问题，使全球节能减排的步伐日益加快，发展低碳经济已成为全球共识。调整能源结构、发展清洁能源是我国各行业的发展趋势。国际海事组织(International Maritime Organization, IMO)于 2011 年制定《新船设计能效指数》标准，并于 2015 年强制执行。2013 年 1 月，中国船级社颁布施行《内河绿色船舶规范》、《绿色船舶规范》(海船)两项行业标准，对入级船舶的能耗与排放等指标进行了规定。绿色船舶评价分级制以能效、环保、工作环境为要素，由低到高相应评出 GreenShipI、GreenShip II、GreenShip III 三个等级。同时，石油能源价格的上涨使航运成本不断提高，燃油成本占航运成本的 50% 以上。在航运市场不景气的现状下，货源不足营运收入有限，降低营运成本是提高船舶经济性最有效的手段，因此采取措施降低能源消耗、减少排放，节省燃油费可以达到降低成本的目的。

　　当前经济和社会发展需要以节能、环保、经济、高效(称为"4E")为特征的江海直达船舶。船体结构设计的任务是在确保结构安全可靠的前提下进行轻量化设计[1,2]，通过先进技术手段，进行船体结构极限强度、砰击强度和疲劳强度计算分析以保证结构安全可靠性，同时进行结构轻量化、材料轻量化及工艺轻量化设计，最大限度地发挥材料性能，以达到船舶轻量化的目的[3]。船舶轻量化能够减少原材料的使用，节约钢材等资源，降低造船成本；减少燃油消耗，减轻能源短缺的压力，减少氮氧化物、硫化物和颗粒物等污染物的排放；有助于航行中的加减速、制动等航行性能的改善，进一步实现操纵稳定性的优化，提高船舶的舒适性；可增加载货量，提高船舶的经济性，提升产品的核心竞争力。

　　减重增载已成为当前"4E"船舶的重点，进行江海直达船舶船体结构轻量化关键技术研究，突破轻量化技术壁垒，提升江海直达船舶的内在竞争力，可以为长江经济带建设提供高效、经济、可靠的航运支撑。

0.2　江海直达船舶船体结构设计

　　当前航运市场大型船舶具有良好的经济性和竞争优势，但长江作为天然航道，通航船舶的船长、吃水均受限，型深受桥梁净空高制约，大型化唯有增加船宽，设计成宽扁型船舶。同时，为提高装卸效率，往往要求长大开口，这使原本总纵强度就偏弱的宽扁型船更是雪上加霜。

　　江海直达航线涵盖从内河至入海口的江段，以及从入海口至沿海港口的海段。江段风浪较小，船舶遭受的波浪载荷也较小；海段则相反，因此要有足够的结构强度。在海段遭遇大风浪时，宽扁型船体结构容易因砰击作用引起颤振，诱发高频振动，在动载荷作用下增大船体结构失效的概率。

　　由于江海直达船舶在江段和海段受到的载荷不同，船体结构在变幅载荷作用下的疲劳特性与常规的海船疲劳特性有很大的不同，因此需要对变幅载荷作用下宽扁型船舶典型结构的疲劳特性展开研究，以确保其结构安全可靠。

　　进行江海直达船舶船体结构轻量化设计，需要从船舶使用特点出发首先确定波浪载荷超越概率，然后从航线的波浪散布特性出发，进行波浪载荷短期预报和长期预报，建立载荷-结构一体化结构强度直接计算与评估系统，对可能遭遇的各种恶劣海况下船体结构的极限强度、砰击强度、疲劳强度进行计算分析，以确保船体结构安全可靠。在此基础上，通过结构轻量化、材料轻量化和工艺轻量化技术，实现船舶轻量化，在安全可靠的前提下有效减轻船体结构重量，增加载货量，实现"减重增载"，提升船舶营运时的盈利能力。

第1章　江海直达船舶船体强度与结构设计

1.1　江海直达船舶船体结构特点

为提高市场竞争优势，江海直达船舶往往被设计成宽扁肥大型，同时具有长大开口，这使其总纵强度较弱，因此进行结构设计时需要特别注意。常见的江海直达船舶有散货船、集装箱船、商品汽车滚装船三种船型。下面从结构特征和结构强度注意事项等对这三种船型进行阐述。

1.1.1　江海直达船舶船体结构特征

江海直达散货船一般有顶边舱和底边舱结构。单壳江海直达散货船典型横剖面如图 1.1 所示。双层底结构由船底板、内底板、船底纵骨、内底纵骨、实肋板和船底纵桁等组成。货舱的数量通常为 2～3 个。每个货舱在甲板处都有一个大的开口，以便装卸货物。

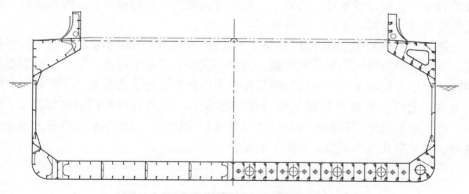

图 1.1　单壳江海直达散货船典型横剖面图

底边舱的斜板一般倾斜 45°～50°，以方便卸载谷物类货物；顶边舱的底板一般倾斜 30°左右，这是堆积货物的休止角，可以防止货物在舱内运动。在底边舱和顶边舱内，每隔几个肋位设置一道强横框架，以支撑相应的纵骨。横舱壁一般采用槽形舱壁，通过顶墩与甲板和顶边舱连接起来，通过底墩与内底板和底边舱连接。

江海直达集装箱船为布置地位型船，货舱体积和形状的设计要能满足装载最大数量集装箱的要求。因此，集装箱船一般设计为大开口形式，两舷侧双壳结构的宽度尽可能小，使船体梁的扭转刚度较低。江海直达集装箱船典型横剖面图如图 1.2 所示。

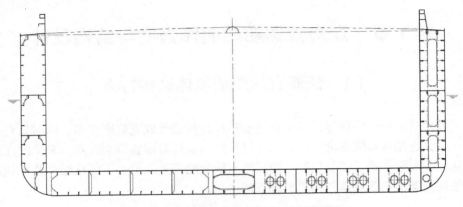

图 1.2 江海直达集装箱船典型横剖面图

随着集装箱船的装箱数量不断增加，船的尺度和甲板的厚度也随之增加。高强度钢(屈服应力 355MPa 以上)，以及厚板都在江海直达集装箱船中得到广泛使用。

江海直达集装箱船艏部一般有较大的外飘，以增加甲板面积，装载更多的集装箱和方便系泊设备布置。另外，一般设计为敞口，无需舱口盖，配有扭锁、绑扎条等集装箱绑扎设备。

商品汽车滚装船(pure car carrier，PCC)是一种用于载运车辆的布置地位型船舶。其各层甲板空间用来停放车辆。由于车辆要在甲板上移动，因此支柱和舱壁的数量要尽可能地少。汽车运输船只在强力甲板下设有水密舱壁。早期的强力甲板上方设有部分横舱壁以防止横剖面的扭变形。早期的汽车运输船如图 1.3 所示。近年来都是采用舷侧肋骨框架来代替部分横舱壁，以便车辆在甲板上移动。舷侧肋骨框架式汽车运输船如图 1.4 所示。

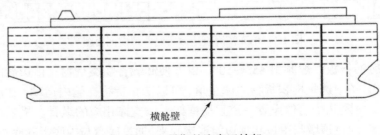

横舱壁

图 1.3 早期的汽车运输船

为了尽可能多地装载汽车,要尽量减小汽车甲板间层高和甲板横梁腹板高度,并且在甲板横梁的末端使用小肘板。

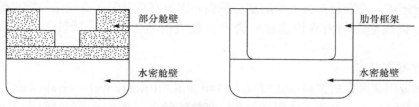

图 1.4　舷侧肋骨框架式汽车运输船

1.1.2　江海直达船舶船体结构强度注意事项

下面从船体结构强度和结构设计的角度出发，对各种类型江海直达船舶各主要构件的特点及结构设计注意事项进行阐述[4]。

1) 散货船

为响应船舶市场大型化需求，作者团队开发的宽扁型江海直达散货船载重量可达 20000 吨，能够大大提高长江黄金水道的运输潜能。江海直达散货船一般由双层底、底边舱、双舷侧和顶边舱等结构单元构成。

双层底结构是由板和梁组成的板架结构。双层底结构的应力由货物/压载水对内底板的压力，以及船底板的水压力决定。在均匀装载时，货物的压力和船底水压力基本可以相互抵消，弯曲应力较小。在舱中装载重件时，双层底结构基本上自由支持在横舱壁和底边舱结构上。由于船舶较宽，货舱中间位置会产生较大的弯曲变形和弯曲应力。

由于双层底结构在横向上与底边舱相连，底边舱的扭转刚度和底边舱内实肋板的面内刚度在很大程度上会影响双层底在该处的扭转边界条件。如果扭转刚度很大，则双层底中间位置处的弯曲应力会变小。

作用在双层底结构上的分布载荷通过实肋板和底纵桁以剪力的形式分别传递到底边舱和横舱壁上，因此实肋板与底边舱连接位置，以及底纵桁与横舱壁相接区域的强度评估非常重要。

此外，底边舱结构会受到双层底结构的剪力和弯矩作用，货物压力作用于底边舱斜板上，舷外水压力作用于船底、舭部和舷侧板上。底边舱连接着实肋板和肋骨的横框架结构，处于复杂应力状态，并且应力往往较大。尤其是与肋骨相接的位置处，要特别注意校核其屈曲强度和疲劳强度。

另外，一般内底板折板后与底边舱斜板相接，并在其下设旁龙筋。这样在内底板、底边舱斜板底部和旁龙筋相交处往往会应力集中。

作用在舷侧板上的主要是三角形分布的侧向压力，因此在跨距中间位置，以及与顶边舱或底边舱连接的端点位置处会产生较大的弯曲应力，在设计阶段要特别加以注意。

槽型横舱壁的上、下端通常通过顶墩和底墩与甲板、顶边舱、内底板、底边舱结构连接。特别是，当一个舱室空载而相邻舱室重载时，在底墩与槽型舱壁连接处，以及底墩与内底板连接处会产生较大的应力，在设计阶段要特别加以注意。

2) 集装箱船

作者团队开发的宽扁型江海直达 1140 标准箱(twenty-feet equivalent unit，TEU)敞口集装箱船具有节能、环保、经济、高效的特点，首条示范船"汉海 1 号"被评为"2018 年全球明星船舶"。

江海直达敞口集装箱船的典型剖面是一个开口截面，抗扭刚度较低，会产生转大的扭转变形，并且伴随着高剪切应力和翘曲应力。因此，对波浪，尤其是斜浪抗扭强度进行评估是非常必要的。此外，扭转变形在开口的角隅处受限会产生应力集中，因此要特别注意角隅处的形状和厚度。

最近，各船级社纷纷推出全船结构有限元分析指南，因此需按照指南规定的方法和流程对舱口角隅处进行包括疲劳强度在内的强度评估。另外，为有效控制舱口变形，对舱口边梁和舱口端梁刚度的评估需要特别关注。

由于集装箱船有较大的舷外飘，往往会引起艏部砰击，因此考虑船首砰击引起的附加弯矩，对结构强度的评估是非常必要的。

3) 商品汽车滚装船

武汉是重要的汽车产业基地，从武汉到舟山航线的江海直达商品汽车滚装船最多可装载 1800 辆汽车。

江海直达商品汽车滚装船横舱壁的数量较少，所以在横剖面上易产生较大的扭变形，使舷侧肋骨框架的下端部产生较大的应力，因此在设计阶段应对该处的疲劳强度特别关注。

从横向强度的角度出发，必须对甲板横梁的强度进行仔细校核。同时，要对车重的静力、动力载荷作用导致的垂向变形进行全面分析，分析时要考虑焊接残余应力的影响。这是为了保证甲板横梁到车顶之间的间隙是足够安全的。因此，相对于散货船和集装箱船，汽车运输船的结构设计有更多的限制。

商品汽车滚装船也是布置地位型船，有与集装箱船一样的较大的外飘结构，所以要特别注意船艏砰击问题，一般要对首部结构的板厚和加强筋尺寸进行详细校核。

1.2　江海直达船舶船体结构规范设计

18 世纪 20 年代以前，所有船舶都凭经验建造，因此遭受了巨大的损失。后来，通过对建造实践和航行经验的总结与提高，逐渐形成船舶设计应遵循的规范。随着产业革命的发展，贸易也发达起来，建造的船舶越来越多，轮船保险商感到各船舶的吨位、建造日期、建造材料，以及船舶所有人等资料有集中的必要。于是，1760 年世界上第一个船级机构英国劳氏船级社(Lloyds Register of Shipping，LR)成立，之后各航运事业发达的国家也相继成立船级社。起初，船级社的主要工作是制订船舶登记册，记载有关于入级船舶的船体和轮机状况，直到 1835 年才出现船级社颁布的《建造规范》。该规范系英国劳氏船级社出版，适用于 170ft(1ft=0.3048m)长、一百总吨左右的木船，结构尺寸按吨位数字决定。随着造船材料、构件连接方式及船体强度理论的发展，建造规范也经历了不断发展和完善的漫长过程。

各国船级社都是非官方机构，提供规范、审图、监造等各种服务，并允许船舶正式入级，给登记的船舶办理各种国际协定要求的证书。此外，船级社还对使用中的船舶作定期检查，以确定这些船是否仍保持在级内。各主要船级社在世界各地都有办事处，几乎在各港口都能找到它的代表。1968 年，各船级社组成国际船级社联合会(International Association of Classification Societies，IACS)，其主要宗旨是改善海上安全标准[5]。

为服务长江经济带发展、促进江海直达运输提供船舶设计和建造基准，中国船级社在充分考虑江海直达船舶的航行水域环境条件及船型特点的基础上，纳入了设计载荷和结构强度、系固、机电设备、商品汽车滚装船等船舶相关技术要求，编制并颁布《特定航线江海直达船舶建造规范》(2018)，指导江海直达船舶船体结构规范设计[6]。

1.2.1　江海直达船舶船体结构规范法设计流程

规范法设计是指根据船舶主尺度、结构形式，以及各种营运、施工要求，按船级社制定的船舶建造规范的有关规定，决定构件的布置与尺度，并进行总强度与局部强度、结构稳定性等校核。江海直达船舶船体结构设计按照《特定航线江海直达船舶建造规范》(2018)进行，规范法设计的一般流程如图 1.5 所示。首先，根据对母型船的调查研究和所设计船的特殊要求(航行区域、船舶用途等)，分析船体强度要求，选择合适的建造规范。然后，根据型线图和总布置图，绘制中剖面图、基本结构图和肋骨线型图，并进行结构构件的初步布置。最后，按规范计算船体主要构件的尺寸，边计算、边绘图、边完善初始的结构布置方案。其中反复必不可少，并且要经常与总体设计师、轮机设计师等协商，以达到合理的统一。

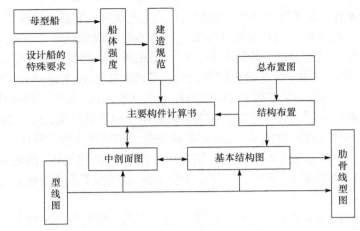

图 1.5　规范法设计的一般流程

确定结构尺寸的一般顺序是：首先选择合适的结构形式，确定肋骨间距(与总体设计师协商决定)，然后按外板、甲板板、船底骨架、舷侧骨架、甲板骨架、支柱、舱壁、首尾结构、上层建筑及甲板室等顺序，依照规范公式进行计算，校核总纵强度，最后选定结构的构件尺寸。

此外还需注意，规范规定的尺寸是保证船体结构安全可靠的最低标准，最后选定的尺寸还要根据船舶的实际使用要求适当调整。

1.2.2　江海直达船舶船体结构布置一般原则

江海直达船舶船体结构的合理布置，将直接影响船体结构的强度、重量及工艺性等，必须高度重视。这里仅从结构强度方面考虑应遵循的一些基本原则，以便对此有一个整体的概念。

1) 结构整体性原则

在进行江海直达船舶船体结构设计时，首先应遵循的基本原则是相关构件应布置在同一平面内，以便组成封闭的整体框架结构共同承受载荷的作用。例如，甲板纵桁-横舱壁竖桁-内龙骨或底纵桁，甲板纵骨-横舱壁垂直防挠材-内底纵骨，船底纵骨-肋板-肋骨-横梁，舷侧纵桁-横舱壁水平桁-纵舱壁水平桁等。

2) 受力均匀性和有效传递原则

结构构件的布置要尽可能均匀，以免构件规格太多或者造成材料的浪费。此外，结构应保证某一构件承受外力后，能有效地将力传递到相邻的构件上，避免某一构件单独承受外力。例如，支柱的上下端应固定在纵、横强骨架交叉的节点上，并且上下支柱应尽可能地布置在同一垂直线上，使支柱承受的力能有效地传递。当甲板或船底为纵骨架式时，舷侧普通肋骨的端部应以肘板与邻近的甲板横梁及船底肋板相连；当舷侧采用普通肋骨与强肋骨交替形式时，一般应设舷侧纵桁，使普通肋骨承受的载荷能通过舷侧纵桁传递给强肋骨。

3) 结构的连续性和减少应力集中原则

构件的布置应力求保证其连续性，尽可能地避免构件突然中断。此外，必须保证尽可能多的主要纵向构件连续贯通至首、尾，如有困难，纵向强骨架应中断在横舱壁或横向强骨架上，并在横舱壁的另一边设置至少延伸二个肋距的肘板。在同一船体横剖面内，不允许有超过 1/3 的甲板纵骨或船底纵骨中断，也不允许有大于二根的甲板或船底纵向强骨架间断；纵向构件中断的剖面彼此至少相距二个肋距。需要特别注意，在大开口处的船体剖面和高度应力集中的区域，绝对不允许中断船体纵向构件，首、尾由纵骨架式向横骨架式逐渐过渡。

为减少应力集中，所有船体构件的剖面形状应有平顺的过渡。例如，在甲板、平台、内底板、纵舱壁间断处，应装设肘板或其他结构使剖面逐渐消失；骨架梁腹板高度变化时，应设有过渡区。该区段的长度应不小于相邻腹板高度差的五倍。

4) 局部加强原则

在设计过程中，对那些要承受较大局部载荷的结构应进行适当的局部加强。例如，船首承受波浪砰击区域及尾部承受螺旋桨工作时水动压力处的结构及船上吊杆、桅杆、救生艇架、系缆桩等与船体相连接处的结构，应作适当的结构加强。

5) 一些基本规定

各规范对结构布置都有一些具体规定，规定了船体主要结构的布置原则要求。例如，水密舱壁的布置，防撞舱壁的布置，尾尖舱及机器处所的舱壁和尾管的布置，水密舱壁和内部甲板上的开口、围壁通道的布置和水密性，舱壁甲板/干舷甲板以下外板上的开口和水密性，其他开口及其关闭装置的布置，双层底(除液货船外)的布置，隔离舱的布置，首部干舷甲板及防撞舱壁前舱室的布置等。

1.2.3　江海直达船舶船体结构设计通则

1) 一般要求

① 除另有规定外，规范要求的构件剖面模数和惯性矩均为连同带板的最小要求值，且假定带板与构件的腹板垂直。当构件的腹板与带板不垂直，且其腹板与带板的夹角小于 75°时，其剖面特征(惯性矩、剖面模数和剪切面积)应相对于与带板平行的轴进行计算。当构件为轧制型材时，其实际剖面模数可按下式近似地确定，即 $W = W' \sin\alpha$ ，W' 为假定构件的腹板垂直于带板时的构件实际剖面模数，α 为构件的腹板与带板之间的夹角。

② 规范规定的各种构件，除另有规定外，不应任意开孔。

③ 在公式或表格中，如仅规定船中部及船端的构件尺寸时，中间区域的构件

尺寸应予逐渐变化。构件中断处应有良好的过渡。

④ 规范内各表列数值，除另有规定外，其中间值均可用内插法求得。

⑤ 考虑商品化的船用板材、轧制型材是尺寸不连续的产品系列，为了在保证结构强度的前提下提供经济、合理的结构要求，在根据规范要求的构件尺寸选取钢材产品时，其舍入误差需按下述原则确定。

第一，规范要求的板材厚度，如小数部分小于或等于 0.25mm 时，可予不计；大于 0.25mm 且小于 0.75mm 时，应取为 0.5mm；大于或等于 0.75mm 时，应进为 1.0mm。

第二，对于采用轧制型材的构件，包括有效带板的剖面模数可比规范要求的值小 3%。

第三，对于同一区域、位置相邻的一组采用轧制型材的同类构件，在建造中选用相同尺寸时，其包括有效带板的剖面模数应不小于该组各单独构件规范要求值的平均值，但这一平均值应不小于该组单个构件最大规范要求值的 95%。

第四，上述第二、第三原则不可同时使用。

⑥ 除另有规定外，规范内规定的各种构件尺寸均系最小值。对营运中腐蚀和磨耗较严重的部分构件，设计时可适当增厚。

⑦ 对于在使用中可能经常承受靠泊、顶推或拖带等外力的局部构件，应作适当加强。

⑧ 强力甲板相邻板材之间、船体外板相邻板材之间、内壳板相邻板材之间建造厚度的差值，应不大于较厚板厚度的 50%。

2) 构件的带板

① 主要构件带板的有效剖面积 A 应按下式确定，但取值不小于面板剖面积。

第一，安装在平板上：$A = 10fbt_p$ (cm^2)。

第二，安装在槽形板上且与槽向平行的：$A = 10at$ (cm^2)。

第三，安装在槽形板上且与槽向垂直的：$A = 10b_f t_f$ (cm^2)。

其中，f 为系数，等于 $0.3(l/b)^{2/3}$，但不大于 1；b 为主要构件支承面积的平均宽度(m)；t_p 为带板的平均厚度(mm)；b_f 为主要构件面板宽度(mm)；t_f 为主要构件面板厚度(mm)；a 为槽形板平面部分的宽度(mm)；t 为槽形板厚度(mm)。

② 次要构件的带板宽度，取为 1 个骨材间距。

3) 构件的跨距点

① 除另有规定外，计算构件所取的计算跨距均为跨距点之间的有效跨距。

② 主要构件的跨距点(图 1.6)应取距离构件末端为 b_e 的点，即

$$b_e = b_b \left(1 - \frac{d_w}{d_b} \right)$$

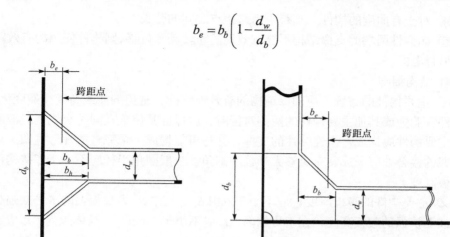

图 1.6　主要构件跨距点

③ 当设置端部肘板时，次要构件的跨距点(图 1.7)取在离骨材腹板高度处；当不设置端部肘板时，跨距点取在该构件的端部。

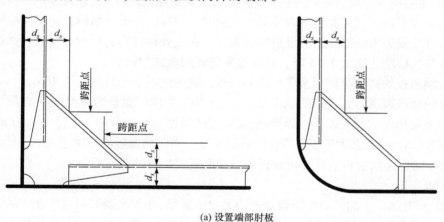

(a) 设置端部肘板

(b) 不设置端部肘板

图 1.7　次要构件跨距点

④ 对于有曲度的构件,其跨距为跨距点之间的弦长。

⑤ 如构件两端的支撑结构不能有效地防止转动和位移,则构件使用的有效跨距应另行考虑。

4) 结构细则

① 主要构件的布置,应确保结构的有效连续性,避免剖面或高度突然变化。当构件在舱壁或其他主要构件的两侧对接时,应保证其位置在同一直线上。液舱内的主要构件应构成一个连续性的支撑,并尽可能构成一个完整的环形框架。环形框架的接合处应做成具有足够大半径的圆角。一般圆角半径应不小于邻接构件的腹板高度。

② 主要构件的腹板厚度 t_w 应不小于 $0.01 S_w$,其中 S_w 为腹板上的水平扶强材间距或无扶强的腹板高度;在干货舱内,t_w 应不小于 7mm,在液体舱内,t_w 应不小于 8mm;对船长小于 60m 的船舶,t_w 可减小 1mm;对船长小于 40m 的船舶,t_w 可减小 2mm。

③ 主要构件面板的剖面积 A_f 一般应不超过 $d_w t_w/150$ (cm^2),其中 d_w 为腹板的高度,t_w 为腹板的厚度。

④ 主要构件应设置防倾肘板。当主要构件为对称剖面时,应在每 4 个骨材间距设置防倾肘板;当主要构件为非对称剖面时,应每隔 1 个骨材设置防倾肘板;主要构件承受集中载荷处也应设置防倾肘板;在主要构件端肘板的趾端处,如腹板高度与其厚度之比大于 55 时,也应设置防倾肘板或加强筋。

防倾肘板的高度应伸至主要构件的面板,宽度应不小于其高度的 40%。当主要构件的面板或折边无支撑的宽度超过 15t(t 为主要构件面板的厚度)时,防倾肘板应与主要构件的面板或折边焊接;防倾肘板的厚度 t_b(mm)应不小于(5+0.025L)(L 为计算船长),但不必大于主要构件的腹板厚度。当防倾肘板的自由边长 l_b(m) 大于 $0.06t_b$ 时,防倾肘板应有面板或折边,其面板或折边的截面积 A(cm^2)一般应不小于 $10l_b$。

⑤ 所有结构上的开口应尽量避开应力集中区域,如无法避开时应作相应的补偿,开口的角隅处均应有良好的圆角。构件与板材直接连接时应避免出现硬点。

⑥ 在船中 0.4L 区域内,当强力甲板纵桁的腹板高度大于 $65t\sqrt{K}$ (t 为腹板厚度,K 为材料系数)时,应设置平行于面板的水平加强筋。

5) 次要构件的端部连接

① 次要构件的端部一般应设置连接肘板(图 1.8)。当次要构件穿过主要构件时,次要构件与主要构件腹板的相交处应予以焊接。

② 参与总纵弯曲的次要构件在舱壁或横向主要构件处切断时,应设置连接肘板以保证结构的纵向连续性。位于舱壁或横向主要构件两侧的肘板应对齐。

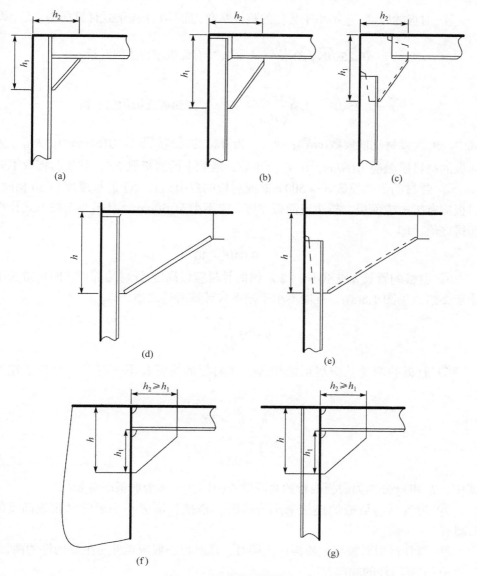

图 1.8　次要构件端部连接

③ 确定肘板尺寸的骨材剖面模数 W 应按下述规定选取。

第一，对次要构件连接到主要构件上的肘板，W 为次要构件的剖面模数。

第二，肋骨端部的肘板，W 为肋骨的剖面模数。

第三，其他肘板，W 为连接构件中剖面模数的较小者。

④ 肘板的厚度 t 应不小于骨材的腹板厚度, 且不小于按下式计算所得之值, 即

$$t = (0.25\sqrt{W} + 2)\sqrt{\frac{R_{eH\_s}}{R_{eH\_b}}} + C, \quad 有面板或折边的肘板$$

$$t = (0.25\sqrt{W} + 3.5)\sqrt{\frac{R_{eH\_s}}{R_{eH\_b}}} + C, \quad 无面板或折边的肘板$$

式中, W 为骨材剖面模数(cm³); R_{eH_s} 为骨材的材料屈服应力(N/mm²); R_{eH_b} 为肘板的材料屈服应力(N/mm²); C 为系数, 液舱中的肘板取 2.5, 其他肘板取 1.5。

⑤ 骨材的剖面模数 $W \geqslant 500$ cm³ 或肘板的自由边长大于肘板厚度的 50 倍时, 肘板应有折边或面板。折边或面板宽度 b 应不小于 50mm, 且不小于按下式计算所得之值, 即

$$b = 0.04W + 40$$

⑥ 肘板的臂长 h 应不小于 2.2 倍的骨材腹板高度(骨材端部焊接时可减为不小于 2 倍, 见图 1.8(a)), 且应不小于按下式计算所得之值, 即

$$h = 75\sqrt{\frac{W}{t - C}}$$

⑦ 肘板的两臂长应尽可能相等。当肘板的两臂长不等时, 应符合下述要求, 即

$$h_1 + h_2 \geqslant 2h$$
$$h_1 \geqslant 0.8h$$
$$h_2 \geqslant 0.8h$$

式中, h_1 和 h_2 分别为肘板两臂的实际臂长(图 1.8); h 为肘板的臂长。

⑧ 当骨材与肘板的连接采用搭接时, 搭接长度应不小于骨材腹板高度的 1.25 倍。

⑨ 当骨材用肘板与主要构件连接时, 该肘板一般应延伸至主要构件的面板。

6) 主要构件的端部连接

① 主要构件的端部应设置连接肘板。当肘板连接两个主要构件时, 肘板的尺寸可按剖面模数较小的主要构件的尺寸确定。

② 包括主要构件腹板高度在内的端肘板臂长, 应不小于 2 倍主要构件的腹板高度, 肘板的厚度应不小于主要构件腹板的厚度。肘板应有折边或面板, 其尺寸一般与主要构件的面板相同。主要构件的腹板应与连接构件焊接。当肘板无支撑的臂长大于100t 时, 应设置平行于肘板面板的加强筋, 使肘板无扶强的三角形

边长不大于肘板厚度的 100 倍。加强筋与面板平行，相邻面板的加强筋与面板的距离应不大于肘板厚度的 30 倍，其他加强筋间距可不大于肘板厚度的 45 倍。肘板的面板和加强筋应给予支持以防倾斜。肘板面板不与构件面板连续时，肘板面板的两端应削斜。

③ 非液舱内的主要构件采用整体式端肘板与舱壁连接时(即主要构件的腹板在端部逐渐升高)，肘板臂长应不小于 1.5 倍主要构件的腹板高度。主要构件的腹板应与舱壁焊接，面板应连续延伸至舱壁。

④ 当甲板纵桁或强横梁与舱壁或外板上的垂直构件相连时，为保证连接节点具有足够的抗扭刚度，可以要求增大垂直构件的尺度。

⑤ 为避免主要强力构件端部应力集中，在大肘板趾端处，其腹板厚度应适当加厚，肘板的面板应向端部削斜。建议采用的大型肘板趾端结构形式如图 1.9 所示。

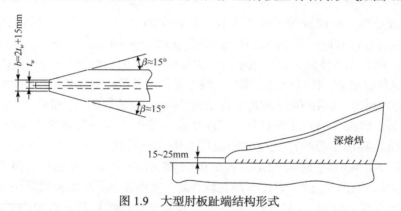

图 1.9　大型肘板趾端结构形式

7) 骨材的标准间距

① 肋骨、横梁或纵骨(船底、舷侧、甲板)的标准间距 S_b 应不大于 0.7m，即

$$S_b = 0.0016L + 0.5$$

式中，L 为船长。

② 在首尾尖舱内，肋骨或舷侧纵骨的标准间距 S_b 应为按上式计算所得值和 0.6m 的较小者。

③ 在船端 0.05L 区域内，上层建筑及甲板室的甲板纵骨或横梁的标准间距 S_b 应按上式计算所得值和 0.6m 的较小者。

1.3　江海直达船舶船体结构强度直接计算

基于经验和简单力学方法的船体结构规范，有时候不能准确地表征宽扁型江海直达船舶的船体结构强度，因此结构强度直接计算成为必不可少的分析工具和强度验证的手段。

需要指出的是，江海直达船舶船体结构强度直接计算的目的不是为了降低规范要求的结构尺寸，而是找到结构系统最薄弱的位置，有针对性地加强，以较小的结构重量增加获得结构安全性的有效提升。

1.3.1　结构直接计算通则

随着有限元法研究的不断深入和计算技术的发展，有限元软件得到快速发展。有限元软件有通用和专用之分。通用有限元软件一般适用性强，格式规范，输入简单，用户无需特殊记忆，也不需要太多的专业知识和计算技能就能使用，可解决问题的领域宽，因此流行范围广；缺点是程序通常很大，因此开发时间长，成本高。相对而言，专用有限元软件的程序相对较短，开发时间短，价格低，版本升级相对容易，解决专门问题更有效，但往往要求使用者有一定的专业知识和技能。

目前，我国工程界广泛使用的通用有限元分析软件有 MSC/ NASTRAN、ANSYS、ABAQUS、MSC/MARC、ADINA 和 ALGOR 等。船舶行业使用较多的是 MSC/NASTRAN。除了通用有限元软件外，世界各主要造船国家都相继开发了船舶专用有限元软件，比较有代表性的有，英国劳氏船级社开发的 SHIPRIGHT 系统、美国船级社(American Bureau of Shipping，ABS)开发的 SAFESHIP 系统、法国船级社(Bureau Veritas，BV)开发的 VERISTAR 系统、日本海事协会(Nippon Kanji Kyokai，NK)开发的 PRIMESHIP 系统，以及中国船级社(China Classification Society，CCS)开发的 COMPASS 系统等。

1) 使用范围

当有专门要求，采用新颖的结构形式，或者是结构的布置、船舶尺度超出规范规定时，应进行结构强度直接计算。例如，《特定航线江海直达船舶建造规范》(2018)中规定适用船长的范围是 20～150m，对于船长 150m 以上的船舶，应基于三维有限元分析进行主要支撑构件的直接计算。

2) 有限元分析类型

根据要求的不同，船体结构有限元分析可以分为以下三种。

① 全船有限元分析。为了获得船体应力和变形情况,在弯扭载荷联合作用下,评估船体主要构件的总体强度通常用于大开口的船舶,如集装箱船等特殊船型。

② 舱段有限元分析。评估纵向船体梁构件、主要支撑构件和横舱壁强度。各船级社基于各自的考虑，模型范围并不完全相同，主要包括两种：一种是中间舱段各向前后延伸一个舱，共三个舱，即三舱模型，如共同结构规范(common structural rules，CSR)、美国船级社和国际船级联合会(International Association of Classification Societies，IACS)规定采用三舱段模型；另一种是一个舱段各向前后延伸半个舱段，即 1/2+1+1/2 模型，如劳氏船级社、中国船级社规定采用 1/2+1+1/2 模型。中国船级社《特定航线江海直达船舶建造规范》(2018)规定江海直达船舶船体结构直接计算模型纵向范围一般应至少覆盖船中货舱区的 1/2+1+1/2 模型，对货舱区仅设一个或两个货舱的船舶，模型纵向范围可取 1 个货舱向首尾各延伸 1/2 个货舱的范围。

③ 细分网格分析。评估局部结构细节的详细应力水平。

1.3.2　结构有限元模型

1) 坐标系定义

船体坐标系统取右手坐标系，其示意图如图 1.10 所示。

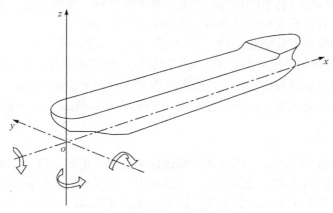

图 1.10　船体坐标系示意图

2) 有限元单元类型

根据结构的实际受力状态可将模型中的各类结构离散为下列几种类型。

① 板壳元(四节点或三节点)。板材，如甲板、舷侧外板、内舷板、船底板、内底板、纵舱壁、横舱壁、肋板、船底纵桁、边舱强肋骨腹板、舷侧纵桁腹板、平台等。

② 梁元。纵骨、横梁、舱壁扶强材及其他板材的加强筋等。

③ 杆元。强肋骨面板、舷侧纵桁面板、支柱等。

3) 主要构件的面板

主要构件的面板用杆单元模拟，其轴向面积为面板剖面积。

4) 单元网格尺寸

单元网格尺寸应按如下原则进行。

① 沿船体横向和垂向按纵骨间距划分单元，沿船体纵向按肋距或类似间距划分单元，舷侧也应该参照该尺寸划分，网格形状应尽量接近正方形。

② 船底纵桁、肋板和腹板高度方向应不小于 3 个单元。底边舱与顶边舱强框架在腹板高度方向应不少于 2 个单元。

③ 一般来说，槽型舱壁每个翼板和腹板至少应该划分一个板单元。在槽型舱壁下端接近底凳处的板单元和凳板的邻近单元，其长宽比应接近 1。

④ 板单元的长宽比通常不超过 3，槽型舱壁板单元的长宽比应不超过 2。模型尽可能少使用三角形板单元；在可能产生高应力或高应力梯度的区域，板单元的长宽比应尽可能接近 1，避免使用三角形单元。

5) 构件开孔

当主要构件的开孔影响构件的应力分布或刚度时，如减轻孔、人孔等，可通过等效板厚、对开孔进行几何建模、详细应力分析等处理。

当采用详细应力分析时，开孔周围的最内两层单元网格大小应不大于 50mm × 50mm。网格划分应保证从细化区域向粗网格区域的平稳过渡。焊接在开孔边缘的加强筋应采用板单元模拟；位于开孔附近距离开口边缘 50mm 外的腹板加强筋可以采用杆或梁单元模拟；许用应力为 $\sigma_e = 1.6 \times 235/k \, \text{kN/mm}^2$，$k$ 为材料系数。

1.3.3 计算工况

直接计算装载工况，应该包括船舶设计中最为严重的工况，根据规范要求的计算工况，如满载出港、满载到港、压载出港、压载到港、空载出港、空载到港等，按装载方案可能出现的最不利，以及其他正常营运时出现的更为不利的装载状态。中国船级社《特定航线江海直达船舶建造规范》(2018)第 4 章附录 2 对集装箱船结构强度直接计算工况进行了规定，第 5 章附录 1 对散货船结构强度直接计算工况进行了规定，第 6 章附录 1 对商品汽车滚装船结构强度直接计算工况进行了规定。敞口集装箱船结构强度直接计算工况及设计载荷如表 1.1 所示。表中，d 为吃水(m)；P_w 为舷外海水动压力(kN/m²)；对于工况 LC2～LC6，集装箱载荷(20ft 或 40ft)，单个箱重取舱内许用堆重除以最大集装箱层数得到；对于工况 LC1，集装箱载荷取法，单个箱重为规定重量的 55%；对于横倾工况(LC4、LC5)，横倾角按《特定航线江海直达船舶建造规范》(2018)第 1 章第 5 节计算。例如，有波浪载荷直接计算预报时，可接受直接计算预报的横倾角。

表 1.1　敞口集装箱船结构强度直接计算工况及设计载荷

工况编号	计算工况	装载模式	总强度工况载荷		局部强度工况载荷			边界条件类型
			静水弯矩	波浪弯矩	静水载荷	波浪载荷	集装箱载荷	
LC1	船舶中拱	所有货舱 40ft 集装箱装满	$\overline{M}_{s\text{-hog}}$	$M_{w\text{-hog}}$	d	P_w	集装箱自重及垂向惯性力	对称
LC2	船舶中垂	所有货舱 20ft 集装箱装满	$\overline{M}_{s\text{-sag}}$	$M_{w\text{-sag}}$	$0.67d$	P_w	集装箱自重及垂向惯性力	对称
LC3	中间一 40ft 箱位空舱	中间一 40ft 箱位空舱,其余箱位处 40ft 集装箱装满	$\overline{M}_{s\text{-hog}}$	$M_{w\text{-hog}}$	d	P_w	集装箱自重及垂向惯性力	对称
LC4	船舶横倾-1	所有货舱 20ft 集装箱装满	—	—	d	—	集装箱自重	非对称
LC5	船舶横倾-2	中间一 40ft 箱位空舱,其余箱位处 40ft 集装箱装满	—	—	d	—	集装箱自重	非对称
LC6	船舶纵荡	所有货舱 40ft 集装箱装满	—	—	—	—	集装箱的纵向惯性力	对称

1.3.4　边界条件

江海直达集装箱船结构强度直接计算边界条件如下。

1) 纵中剖面对称边界条件

对于结构形式、设计载荷均左右对称的工况,边界条件为中部货舱前后舱壁处,纵中剖面与船底板交点 G(图 1.11)的横向线位移约束,即 $\delta_y=0$。

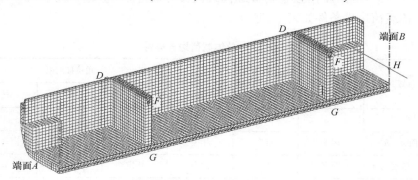

图 1.11　结构直接计算边界条件示意图

2) 局部载荷工况边界条件

对于载荷对称的工况，端面 A 与 B 施加对称面边界条件，端面内节点的纵向线位移、绕端面内的两个坐标轴角位移约束，即 $\delta_x=\theta_y=\theta_z=0$。舷侧外板、内壳板与前后横舱壁和船底实肋板交线上的节点应设置垂向弹簧单元。弹簧单元弹性系数均匀分布，弹性系数按下式计算，即

$$K = \frac{5GA}{6l_H n}$$

式中，G 为材料的剪切弹性模量，对于钢材，$G=0.792 \times 10^5$ N/mm^2；A 为前后舱壁处舷侧外板、内壳板的剪切面积(mm^2)；l_H 为中部货舱长度(mm)；n 为舷侧外板、内壳板与前后横舱壁和船底实肋板交线节点的数量。

局部载荷工况边界条件如表 1.2 所示。

表 1.2　局部载荷工况边界条件

位置	线位移约束			角位移约束		
	δ_x	δ_y	δ_z	θ_x	θ_y	θ_z
节点 G(全宽模型)	–	固定	–	–	–	–
端面 A、B	固定	–	–	–	固定	固定
舷侧外板、内壳板与前后横舱壁和船底实肋板交线节点	–	–	弹簧	–	–	–

3) 总体载荷工况边界条件

在端面 A 与 B，中和轴与纵中剖面相交处建立一个独立点 H，在独立点上施加总纵弯矩，端面各纵向构件节点自由度 δ_x、δ_y、δ_z 与独立点相关。

端面 A 与 B 内独立点 H 的横向线位移、垂向线位移、绕纵向轴的角位移约束为 $\delta_y=\delta_z=\theta_x=0$；端面 A 内独立点 H 纵向线位移约束为 $\delta_x=0$。

总体载荷边界条件如表 1.3 所示。

表 1.3　总体载荷边界条件

位置	线位移约束			角位移约束		
	δ_x	δ_y	δ_z	θ_x	θ_y	θ_z
节点 G	–	固定	–	–	–	–
端面 A、B	相关	相关	相关	–	–	–
独立点 H(端面 A)	固定	固定	固定	固定	弯矩	–
独立点 H(端面 B)	–	固定	固定	固定	弯矩	–

4) 横倾工况边界条件

对于载荷非对称的横倾工况，应采用全宽模型，端面 A 与 B 施加对称面边界条件，端面内节点的纵向线位移、绕端面内的两个坐标轴的角位移约束，即 $\delta_x=\theta_y=\theta_z=0$。舷侧外板、内壳板与前后横舱壁和船底实肋板交线上节点应设置垂向弹簧单元。弹簧单元弹性系数均匀分布，弹性系数按局部载荷工况边界条件中相应的公式计算。船底板、内底板与前后横舱壁交线上的节点应设置水平弹簧单元。弹簧单元弹性系数均匀分布，弹性系数按下式计算，即

$$K=\frac{5GA}{6l_H n}$$

式中，G 为材料的剪切弹性模量，对于钢材，$G=0.792\times10^5\,\text{N/mm}^2$；$A$ 为前后舱壁处船底板、内底板的剪切面积(mm^2)；l_H 为中部货舱长度(mm)；n 为船底板和内底板水平交线节点数量。

横倾工况边界条件如表 1.4 所示。

表 1.4　横倾工况边界条件

位置	线位移约束			角位移约束		
	δ_x	δ_y	δ_z	θ_x	θ_y	θ_z
端面 A、B	固定	—	—	—	固定	固定
舷侧外板、内壳板与前后横舱壁和与船底实肋板交线节点	—	—	弹簧	—	—	—
船底板、内底板与前后横舱壁交线的节点	—	弹簧	—	—	—	—

不同类型的江海直达船舶结构强度直接计算工况和边界条件有较大的不同，相关要求参照《特定航线江海直达船舶建造规范》(2018)第 4 章附录 2、第 5 章附录 1 和第 6 章附录 1 的规定。

1.3.5　直接计算所用载荷

1) 设计载荷

作用在船体结构上的载荷分为总体性载荷和局部性载荷。

① 总体载荷。引起船体整体变形或破坏的载荷，如总纵弯矩、剪力及纵向扭矩等。

② 局部载荷。引起局部结构、构件变形或破损的载荷。

③ 装载货物、油、水等重力和舷外水压力等既能引起局部结构构件的变形或破坏，同时又能引起船体梁总纵弯曲或扭转。

2) 船舶运动和加速度

(1) 船舶绝对运动和加速度

① 横摇周期 T_R 应该按下式计算，即

$$T_R = 2\frac{k_r}{\sqrt{\mathrm{GM}}}$$

式中，k_r 为横摇转动半径(m)，没有确切值时，可按 k_r=0.35B(散货船)、0.39B(集装箱船、商品汽车滚装船)估算，B 为船宽(m)；GM 为计算工况下的初稳性高度，没有确切数值时，可按 GM=0.12B(散货船)、0.07B(集装箱船、商品汽车滚装船)估算。

② 最大横摇角 φ_m 应按下式计算，但不必大于 0.523rad，即

$$\varphi_m = f_r k \frac{62.5 - 1.25 T_R}{B + 75}$$

式中，f_r 为系数，即 f_r=(−0.15L+67.12)×10^{-2}，L 为船长；k 为系数，应按 k=1.2(无舭龙骨的船舶)、1.0(有舭龙骨的船舶)、0.8(有主动式减摇装置的船舶)取值。

③ 纵摇周期 T_P 应按下式计算，即

$$T_P = 1.80\sqrt{\frac{L}{10}}$$

④ 最大纵摇角 ψ_m 应按下式计算，但不必大于 0.14rad，即

$$\psi_m = 0.35\frac{a_0}{C_b}$$

式中，C_b 为方形系数；a_0 为加速度系数，可按 $a_0 = (0.58 - 0.18C_b)\left(\dfrac{2.4}{\sqrt{L}} + \dfrac{34}{L}\right)$ 计算，L 为船长。

(2) 船舶相对运动和加速度

① 纵荡加速度 a_x 应按下式计算，即

$$a_x = 2.6 a_0 \sqrt{C_b}$$

式中，C_b 为方形系数；a_0 为加速度系数。

② 横荡加速度 a_y 应按下式计算，即

$$a_y = 0.45 a_0 g$$

式中，g 为重力加速度；a_0 为加速度系数。

③ 升沉加速度 a_z 应按下式计算，即

$$a_z = \frac{9 a_0}{\sqrt{C_b}}$$

式中，C_b 为方形系数；a_0 为加速度系数。

④ 横摇角加速度 a_r 应按下式计算，即

$$a_r = \varphi_m \left(\frac{6.28}{T_R} \right)^2$$

式中，T_R 为横摇周期(s)；φ_m 为最大横摇角(rad)。

⑤ 纵摇角加速度 a_p 应按下式计算，即

$$a_p = \psi_m \left(\frac{6.28}{T_P} \right)^2$$

式中，T_P 为纵摇周期(s)；ψ_m 为最大纵摇角(rad)。

⑥ 横向合成加速度 a_t 应按下式计算，即

$$a_t = \sqrt{a_y{}^2 + [a_r(z - z_{rp}) + 10\sin\varphi_m]^2}$$

式中，a_y 为横荡加速度；a_r 为横摇角加速度；φ_m 为最大横摇角(rad)；z 为计算点至基线的垂向距离(m)；z_{rp} 为横摇转动轴和纵摇转动轴到基线的垂直距离，应按下式计算，取小者，即

$$z_{rp1} = \frac{D}{4} + \frac{d_1}{2}$$

$$z_{rp2} = \frac{D}{2}$$

式中，D 为型深(m)；d_1 为计算工况下的吃水(m)。

⑦ 纵向合成加速度 a_t 应按下式计算，即

$$a_t = \sqrt{a_x{}^2 + [a_p(z - z_{rp}) + 10\sin\psi_m]^2}$$

式中，a_x 为纵荡加速度；a_p 为纵摇角加速度；ψ_m 为最大纵摇角(rad)。

⑧ 垂向合成加速度 a_v 应按下式计算，取大者，即

$$a_{v1} = \sqrt{a_z^2 + a_r^2 y^2}$$

$$a_{v2} = \sqrt{a_z^2 + a_p^2 (x - 0.45L)^2}$$

式中，a_z 为升沉加速度；a_r 为横摇角加速度；a_p 为纵摇角加速度；x 为计算点至尾垂线的纵向距离(m)；y 为计算点至纵中剖面的横向距离(m)；L 为船长(m)。

3) 舷外水压力

舷外水压力包括海水静压力和海水动压力。

(1) 海水静压力

海水静压力 p_{hs} 按下式计算，即

$$p_{hs} = \begin{cases} \rho_w g(d_1 - z), & \text{载荷计算点位于水线面以下} \\ 0, & \text{载荷计算点位于水线面以上} \end{cases}$$

式中，ρ_w 为海水密度，取 1.025t/m^3；d_1 为计算工况下的吃水(m)；z 为计算点至基线的垂向距离(m)。

(2) 海水动压力

① 舷侧水线处的海水动压力 p_{WL} 应按下式计算，即

$$p_{WL} = 2B^{0.66} + 3CC_b + 0.4d_1$$

式中，B 为船宽(m)；C_b 为方形系数；d_1 为计算工况下的吃水(m)；C 为系数，$C=2.155+0.047L-(0.012L)^2$。

② 船底边缘处(舭部)的海水动压力 p_{BS} 应该按下式计算，即

$$p_{BS} = 0.5p_{WL}$$

③ 船底中纵剖面的海水动压力 p_{BC} 应按下式计算，即

$$p_{BC} = 0.3p_{WL}$$

④ 水线面以下任意点的海水动压力 p_{hd} 应按下式计算，即

$$p_{hd} = p_{WL} + (p_{BS} - p_{WL})\left(1 - \frac{z}{d_1}\right) + (p_{BC} - p_{BS})\left(1 - \frac{2y}{B}\right)$$

式中，y 为计算点至纵中剖面的横向距离(m)；z 为计算点至基线的垂向距离(m)。

⑤ 水线面以上舷侧外板上任意点的海水动压力 p_{hd} 应按下式计算，即

$$p_{hd} = p_{WL} - 10(z - d_1), \quad d_1 < z \leqslant d_1 + \frac{p_{WL}}{10}$$

$$p_{hd} = 0, \quad d_1 + \frac{p_{WL}}{10} < z$$

式中，d_1 为计算工况下的吃水(m)；z 为计算点至基线的垂向距离(m)。

⑥ 露天甲板上的上浪载荷 p_{wdk} 应按下式计算，且不小于零，即

$$p_{wdk} = p_{WL} - 10(z_{dk} - d_1)$$

式中，d_1 为计算工况下的吃水(m)；z_{dk} 为露天甲板至基线的垂向距离(m)。

4) 液舱内液体压力

液舱内液体产生的侧向压力 p_l 应按下式计算，即

$$p_l = \rho g(h + 2.1)$$

式中，ρ 为液体的密度，计算时取值应不小于 1.025t/m³；h 取计算点量至液舱顶的垂直距离或者量至溢流管顶垂直距离一半的大者(m)。

舷外海水动压力示意图如图 1.12 所示。

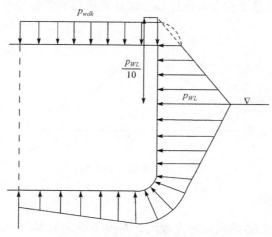

图 1.12　舷外海水动压力示意图

5) 总体载荷

总体载荷包括静水弯矩和波浪弯矩。

(1) 静水弯矩

静水弯矩 M_s 采用设计方提供的许用中拱静水弯矩 $\overline{M}_{s\text{-}hog}$ 和许用中垂静水弯矩 $\overline{M}_{s\text{-}sag}$。采用许用静水弯矩做计算弯矩，而不采用两个端面的静水弯矩，是为了偏安全和具有一定的安全储备。

(2) 波浪弯矩

船体梁各横剖面的中拱波浪弯矩 $M_w(+)$ 和中垂波浪弯矩 $M_w(-)$ 应按下式计算，即

$$M_w(+)=190MCL^2BC_b\times10^{-3}$$

$$M_w(-)=-110MCL^2B(C_b+0.7)\times10^{-3}$$

式中，M 为弯矩分布系数(图 1.13)；C_b 为方形系数，但计算取值不小于 0.60；C 为系数，$C=2.155+0.047L-(0.012L)^2$。

6) 载荷分量及其施加

① 空船质量通过调整各部分的材料密度模拟钢料、舾装和小设备的质量。大的设备如主机、舱口盖等采用质量单元模拟。质量单元可以建立在相应的结构上，也可以通过虚拟结构和实际结构进行连接。

② 舱内及甲板上的货物质量，采用适当的质量单元进行模拟。

③ 静水压力应按计算工况的吃水，作用在船体的外部湿表面。

④ 波浪压力应按等效设计方法计算，作用在整个模型上。

⑤ 惯性载荷应基于按等效设计波方法计算所得的惯性加速度，作用在整个模型上。

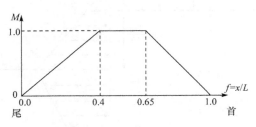

图 1.13　弯矩分布系数

1.3.6　屈服强度评估

江海直达船舶船体结构计算完成后，对模型纵向范围内中部货舱和前后延伸一个横框架范围内的所有主要构件进行强度评估。各构件的相当应力不得超过相关的许用应力，否则对构件进行加强。板单元应力采用膜应力，即弯曲板单元的中面力；槽型舱壁、槽型端部的应力可以通过舱壁板内的平均应力外推得到；应力集中和形状很差的单元应力可不考虑。

局部载荷工况应力与总体载荷工况应力可以按照下式合成，得到相当应力 (von Mises 应力)，即

$$\sigma_e = \sqrt{\sigma_x^2 + \sigma_y^2 - \sigma_x\sigma_y + 3\tau_{xy}^2}$$

式中，σ_x 为单元 x 方向的应力；σ_y 为单元 y 方向的应力；τ_{xy} 为单元 xy 平面的剪应力。

中国船级社《特定航线江海直达船舶建造规范》(2018)第 4 章附录 2 对集装箱船结构强度直接计算许用相当应力给出了详细规定，第 5 章附录 1 对散货船结构强度直接计算许用相当应力给出了规定，第 6 章附录 1 对商品汽车滚装船结构强度直接计算许用相当应力给出了规定。

1.3.7　屈曲强度评估

1) 屈曲校核方法

目前主要有两种方法评定板格屈曲强度，即公式法和特征值法。

(1) 公式法

这是目前通常采用的方法，其实质是对板格的几何特征和边界条件作一系列

假设，得出单应力分量的临界屈曲值，并根据屈曲值和结构强度的结果修正临界判定方程。

(2) 特征值法

特征值法常用于求解和研究复杂结构模型的屈曲问题，并作为一些近似公式解的验证手段。其实质是利用有限元屈曲求解模块求出屈曲特征值，即临界载荷因子。

由于特征值法需要的计算工作量大，实际船体结构设计时很难有充足的时间保证，通常参照规范要求，采用基于公式法的 CCS_Tools 板格屈曲计算插件对系列板格进行屈曲强度校核。

2) 校核区域

选择以下区域内的危险板格进行屈曲校核。

① 甲板、边舱平台甲板、舱口间甲板。

② 纵舱壁板、内舷板、舷侧外板。

③ 船底板、内底板。

④ 双层底及边舱内结构(桁材、肋板)。

⑤ 水密和非水密横舱壁结构。

⑥ 甲板横向抗扭箱(如果有)。

⑦ 顶边舱、底边舱及横舱壁底凳和顶凳(如果有)。

3) 构件减薄厚度

船舶在设计寿命内，构件常常处于海水、空气、压载水、货油、散货等复杂的腐蚀环境中，会受到氧化、剥离、腐蚀等多种形式的破坏，使结构厚度逐渐减薄。设计者需要评估船舶寿命周期内构件厚度腐蚀减薄情况下的结构强度，以保证船舶在使用时不发生屈曲、屈服等形式的结构强度事故。

中国船级社《特定航线江海直达船舶建造规范》(2018)第 4 章附录 2、第 5 章附录 1 和第 6 章附录 1 分别对集装箱船、散货船和商品汽车滚装船构件的标准减薄厚度给出了详细规定。

4) 屈曲因子计算

屈曲因子的计算可采用 CCS_Tools 板格屈曲计算插件进行，计算得到的板格屈曲因子应不小于规范的相关最小屈曲因子，否则要进行结构修改。

需要指出的是，进行平板屈曲强度评估时，临界屈曲应力应考虑适当的标准减薄厚度，使用板的中面应力，且应考虑双轴向压应力和剪应力的合成。如果板格在单轴载荷作用下的弹性临界屈曲压应力和临界屈曲剪应力超过材料屈服应力的一半，要进行板格临界屈曲应力的弹塑性修正。

弹塑性修正方法见中国船级社《特定航线江海直达船舶建造规范》(2018)第 1 章第 5 节的规定。各类型船舶各类构件的最小屈曲安全因子见第 4 章附录 2、第 5 章附录 1 和第 6 章附录 1 的相关规定。

1.3.8　结果提交

江海直达船舶船体结构强度直接计算后，应提交图纸清单；有限元计算程序说明；结构有限元模型的详细说明；模型中结构构件属性与材料特性说明；边界条件的详细说明；装载工况的详细说明；施加载荷的详细说明；总体和局部变形图；屈服强度评估结果；屈曲强度评估结果；表明结构是否满足设计衡准的结果列表。

1.4　本　章　小　结

为同时适应长江和海上的航行环境，江海直达船舶的船体强度与结构设计同常规的内河船或海船有较大的不同。本章首先对江海直达船舶船体结构特征进行介绍，对船体结构强度和结构设计时的注意事项进行阐述；然后遵从中国船级社《特定航线江海直达船舶建造规范》(2018)的规定，对江海直达船舶船体结构规范法设计流程、结构布置一般原则和结构设计通则进行介绍；最后对江海直达船舶船体结构强度直接计算模型、工况、边界条件、载荷，以及屈服和屈曲结果评估等进行介绍。本章内容是江海直达船舶船体强度与结构设计的基础。

第2章 江海直达船舶波浪载荷

本章所述江海直达航线是指从长江各港口经长江口至大洋山、小洋山/宁波—舟山航线。长江上风浪较小，无需研究波浪载荷，主要研究长江口至宁波—舟山海域的波浪载荷，为设计合理可靠的江海直达船舶提供基础技术支持。根据海事部门提供的营运信息资料，目前主要有两条航路。本书特定航线 1-1 指长江口经嵊泗港、洋山港、南港、马岙港、镇海港、北仑港、金塘港、岑港港、大榭港、穿山港、梅山港、六横港、象山港、虾峙门(条帚门)航线，习惯上称为内航路。特定航线 1-2 指长江口经嵊泗港、衢山港、岱山港、白泉港、虾峙门(条帚门)航线，习惯上称为中航路。内航路可通行 2 万吨级以下船舶。中航路可通行 2～5 万吨级船舶。

2.1 航线波浪特征参数

2.1.1 波浪观测位置

根据国家海洋局东海预报中心、舟山市气象局等提供的数据资料，目前该江海直达航线的风浪资料包括大洋山、大鱼山、嵊泗、嵊山、大戢山、长江口 A 警戒区、舟山本岛外海域等七个观测点近 5～20 年的气象资料；长江口 A 警戒区、大戢山、洋山、嵊山、舟山本岛外海域等五个观测点近 20 年的波浪数据。

2.1.2 波浪散布图

根据 GB/T 14914—1994《海滨观测规范》的要求，波浪散布状况采用岸用光学测波仪测量，满足如下规定。

① 观察随波跳动的浮标标杆顶端，测量 10 个连续波通过浮标处所需的时间，重复测量 3 次(相邻两次测量时间间隔应小于 1min)，用 3 次测得的时间总和除以 30，作为平均周期。

② 在平均周期 100 倍的时间内，测量 15～20 个大波通过浮标时，浮标标杆顶端从波峰降至波谷通过波高标尺的格数，然后再观测一系列连续波通过浮标时，浮标标杆顶端跳动的平均位置在波高标尺上的读数 d，为减小误差应尽量在小波时读取 d。

遵从上述规定，从测波仪读取的波高为十一波高，周期为平均波峰周期。十一值与三一值的关系为 $H_{1/10}=1.27H_{1/3}$，将十一波高转化为三一波高。平均波峰周期为平均跨零周期的 1.1 倍。

从舟山海域航路可知，长江口北航道入海口、舟山本岛外和嵊山为外航路的典型代表点，可以根据数据处理方法得到相应的散布图。根据载荷预报结果可知，嵊山点散布图的载荷预报结果稍大，因此确定以嵊山观测站的波浪环境资料进行载荷预报。舟山海域波浪散布图如表 2.1 所示。比较舟山海域与 E1 海区的波浪散布图的波

表 2.1　舟山海域波浪散布图

周期/s	波高/m												合计
	0.3	0.7	1.1	1.5	1.9	2.3	2.7	3.1	3.5	3.9	4.5	5	
0.5	0	1	3	0	0	0	0	0	0	0	0	0	4.0
1.5	6	24	5	1	0	0	0	0	0	0	0	0	36.0
2.5	67	91	7	3	1	0	0	0	0	0	0	0	169.0
3.5	81	1125	475	51	5	0	0	0	0	0	0	0	1737.0
4.5	16	1009	2853	643	77	13	0	0	0	0	0	0	4611.0
5.5	5	146	968	1092	299	61	10	0	0	0	0	0	2585.0
6.5	2	21	100	190	208	101	29	9	3	2	0	0	665.0
7.5	0	3	7	26	23	27	22	13	6	5	4	0	136.0
8.5	0	0	1	1	3	6	11	5	3	3	3	3	39.0
9.5	0	0	0	0	0	1	1	2	2	3	2	1	12.0
10.5	0	0	0	0	0	0	0	1	1	1	2	0	5.0
11.5	0	0	0	0	0	0	0	0	0	0	1	0	1.0
合计	177.0	2420.0	4419.0	2007.0	616.0	209.0	73.0	33.0	16.0	14.0	12.0	4.0	10000.0

高、周期分布状况等波浪要素(图 2.1)。可见舟山海域的波浪条件相比 E1 海区要好些[7]。

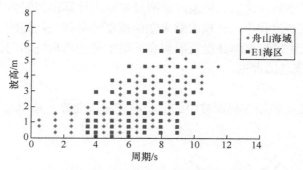

图 2.1　舟山海域与 E1 海区波浪要素比较

2.1.3　有义波高

根据舟山海域 20 年的波浪统计资料，可以得出 $H_{1/3}$-P 曲线，相应于超越概率 P=3%的波高为有义波高 $H_{1/3}$。保证率波高如图 2.2 所示。

舟山海域有义波高取用值 $(H_{1/3})_S$ 为 3.21m。

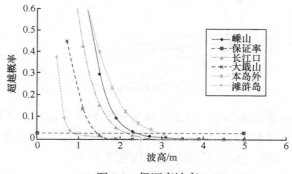

图 2.2　保证率波高

2.2　江海直达船舶波浪载荷计算理论

江海直达船舶波浪载荷计算时通常假定流体为理想流体，即无旋、无黏、不可压缩，因此可以采用三维势流理论或水弹性时域方法进行求解。

2.2.1　三维势流理论

在三维势流理论中，通过求解满足拉普拉斯方程、特定边界条件及初值条件的速度势，可以根据伯努利方程求出船体表面的压力分布；通过对船体湿表面的压力进行积分，可以得到船体在流场中受到的作用力，求出船舶 6 自由度的运动响应；在求得运动响应之后，可通过达朗贝尔原理计算得到船体在各个横剖面上的力和力矩。在此过程中，合理求解未知的速度势是解决问题的关键，可采用基于 Rankine 面元法进行求解并得到船舶在波浪中的运动响应和剖面载荷[8,9]。

1）三维势流基础理论

（1）坐标系

为了便于描述船舶在规则波中的运动响应和速度势，采用右手空间坐标系，如图 2.3 所示。

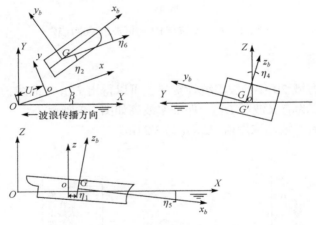

图 2.3　坐标系示意图

空间固定坐标系设置为 $O\text{-}XYZ$，该坐标系固定于流场，不随流体及船体运动。空间固定坐标系 $O\text{-}XYZ$ 的原点位于未扰动水平面，Z 轴竖直向上，应用空间固定坐标系 $O\text{-}XYZ$ 坐标系可以方便地描述入射波。

固连于船舶的坐标系设置为 $G\text{-}x_b y_b z_b$，坐标系 $G\text{-}x_b y_b z_b$ 的原点 G 即船体的重心，x_b 轴方向与船体基线平行且正方向指向船首方向，z_b 轴方向垂直于船舶的水线面。$G\text{-}x_b y_b z_b$ 坐标系随船体一起摇荡，即所谓的动坐标系，使用该坐标系描述船体表面时，方程无时间变量。

随船匀速移动坐标系设置为 $o\text{-}xyz$。坐标系 $o\text{-}xyz$ 的原点 o 位于初始时刻的水平面上，z 轴方向竖直向上。当船舶匀速移动无摇荡运动时，o 与 G 在同一铅垂线上，坐标系 $o\text{-}xyz$ 不随船摇荡，当船舶在水中以一定航速航行时，坐标系随船舶一起平动，所以坐标系 $o\text{-}xyz$ 可以很好地描述船体的摇荡运动，亦称参考坐标系。

假设船体在微幅规则波中以航速 U 沿 x 轴方向运动，则初始时刻 o 与 O 重合。假设入射波传播方向沿 X 轴负方向，浪向角(波浪传播方向与 x 轴正向的夹角)为 β (迎浪时 $\beta=180°$)，初始时刻船体无摇荡运动，点 o 与 G 在同一铅垂线。$\overline{OG}$ 表示重心至水线面距离，当 G 位于水线面下方时为正，可以得到如下坐标转换式，即

$$\begin{cases} x = -Ut - X\cos\beta + Y\sin\beta \approx x_b \\ y = -X\sin\beta - Y\cos\beta \approx y_b \\ z = Z \approx z_b - \overline{OG} \end{cases} \tag{2.1}$$

(2) 速度势

求解船舶航行过程中波浪载荷作用下的水动力相关参数，速度势的求解是关键。在以微幅规则波为假定的线性势流理论中，流场的速度势 $\Phi(x,y,z,t)$ 可以分解为定常势 $(-Ux+\Phi_S(x,y,z))$ 和非定常势 $\Phi_T(x,y,z,t)$ 两部分，其中 $\Phi_S(x,y,z,t)$ 表示船舶在静水中恒速航行时引起的定常兴波势。当假定定常运动兴波是小量时，定常兴波势的求解与非定常速度势的求解是完全独立的。定常兴波势的求解是兴波阻力理论中的 Neumann-Kelvin 问题。非定常势按照类型的不同可以分解为入射势 Φ_I 、绕射势 Φ_D 和辐射势 Φ_R 三者的线性叠加，因此流场中的速度势为

$$\begin{cases} \Phi(x,y,z,t) = (-Ux + \Phi_S(x,y,z)) + \Phi_T(x,y,z,t) \\ \Phi_T(x,y,z,t) = \Phi_I(x,y,z,t) + \Phi_D(x,y,z,t) + \Phi_R(x,y,z,t) \end{cases} \tag{2.2}$$

入射波取为 Airy 波，设水深为 h ($h\to\infty$ 时为无限水深)，波幅为 A ，波浪圆频率为 ω_0 ，波数为 k ，相位角为 γ ，入射波的波面升高 $z=\eta(x,y,t)$ 为

$$\eta(x,y,t) = A\cos(k\cos\beta x + k\sin\beta y - \omega_0 t + \gamma) \tag{2.3}$$

其复数表达形式为

$$\eta(x,y,t) = A\exp[\mathrm{i}(k\cos\beta x + k\sin\beta y - \omega_0 t + \gamma)] \tag{2.4}$$

根据船体运动与波浪载荷理论，其入射波速度势 Φ_I 为

$$\begin{aligned} \Phi_I&(x,y,z,t) \\ &= -\frac{Ag}{\omega_0} \cdot \frac{\cosh k_0(z+h)}{\cosh k_0 h} \cdot \sin(k_0 X + \omega_0 t) \\ &= \frac{Ag}{\omega_0} \cdot \frac{\cosh k_0(z+h)}{\cosh k_0 h} \cdot \sin(k_0\cos\beta x + k_0\sin\beta y - \omega t) \end{aligned} \tag{2.5}$$

式中，ω 为遭遇频率，$\omega = \omega_0 - k_0 U\cos\beta$ ； ω_0 为波浪圆频率； k_0 为波数。

在时域分析中，求解绕射势 Φ_D 和辐射势 Φ_R 的解析表达式往往比较困难，通常采用数值方法求解，通过选择合适的格林函数可以使速度势便于计算。

(3) 速度势求解的初-边值条件

在势流理论中，速度势 $\Phi(x,y,z,t)$ 满足拉普拉斯方程，即

$$\nabla^2 \varPhi = 0 \tag{2.6}$$

在时域分析中要想准确求解出总速度势，必须在整个流体域内给出合适的初始条件和边界条件，具体如下。

① 自由表面条件。自由表面应同时满足运动学边界条件和动力学边界条件，即

$$\frac{\partial^2 \varPhi}{\partial t^2} + g\frac{\partial \varPhi}{\partial z} + 2\nabla \varPhi \cdot \nabla\left(\frac{\partial \varPhi}{\partial t}\right) + \frac{1}{2}\nabla \varPhi \cdot \nabla(\nabla \varPhi \cdot \nabla \varPhi) = 0, \quad z = \eta \tag{2.7}$$

将该自由表面条件做摄动展开后略去高阶小量可得

$$\left[\left(\frac{\partial}{\partial t} - U\frac{\partial}{\partial x}\right)^2 + g\frac{\partial}{\partial z}\right]\varPhi = 0, \quad z = 0 \tag{2.8}$$

② 物面条件。由于船体表面 S 是不可穿透的固体壁面，同时 S 也是流体域边界的重要组成部分，因此根据不可渗透条件，在表面 S 上需要满足以下条件，即

$$\left.\frac{\partial \varPhi}{\partial n}\right|_S = U_n \tag{2.9}$$

式中，U_n 为物面法向速度。

物面 S 上流体质点的法向速度与该点速度的法向投影相同，满足物面的不可穿透性。

③ 辐射条件。流场某处的扰动在自由面上产生的波动将向外传播至远方，在三维问题中基于能量守恒，外传的柱面波波幅在无限远处以 $1/\sqrt{R}$ （R 表示远方某点离扰动的水平距离)的速率衰减，则远方辐射条件表达式为

$$\lim_{R \to \infty} \sqrt{R}\left(\frac{\partial \varPhi}{\partial R} + \frac{1}{C}\frac{\partial \varPhi}{\partial t}\right) = 0 \tag{2.10}$$

式中，C 为波动传播速度。

④ 底部条件。水底是作为刚性壁面处理的，其法向流体速度为零，即

$$\frac{\partial \varPhi}{\partial n} = 0, \quad z = -h \tag{2.11}$$

式中，h 为水底深度。

2) 船体运动响应

在三维势流理论中，船体在波浪中的运动基于刚体的一般运动理论，以重心 G 在其水线面上投影 o 为基点，则船体六自由度运动(图 2.4)可通过下式表示，即

$$\eta(t) = \eta \mathrm{e}^{\mathrm{i}\omega t} = (\eta_j)^{\mathrm{T}} \mathrm{e}^{\mathrm{i}\omega t}, \quad j = 1, 2, \cdots, 6 \tag{2.12}$$

式中，$\eta_j(t), j = 1, 2, \cdots, 6$ 依次指纵荡、横荡、垂荡、横摇、纵摇、首摇运动。

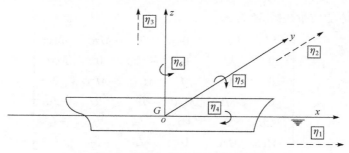

图 2.4　船体六自由度运动示意图

通过流场内的流体速度势 $\Phi(x,y,z,t)$ 与参考坐标系中的伯努利方程可得水动压力，即

$$P(x,y,z,t) = -\rho gz - \rho\left(\frac{\partial}{\partial t} - U\frac{\partial}{\partial x}\right)\Phi(x,y,z,t) - \frac{1}{2}\rho|\nabla\Phi|^2 \tag{2.13}$$

在已知船体表面压力 $P(x,y,z,t)$ 时，作用于船体的流体力与力矩为

$$F(t) = \iint\limits_{S} P(x,y,z,t)n\mathrm{d}S \tag{2.14}$$

式中，n 为船体表面单位内法向矢量；S 为船体平均浸湿表面。

作用于船体的流体载荷可分为与静水压力对应的流体静水载荷 $F^S(t)$、波浪主干扰力 $F^I(t)$、绕射力 $F^D(t)$ 和辐射力 $F^R(t)$。流体静水载荷可通过流体静力系数 $C_{ij}, i,j = 1,2,\cdots,6$ 计算，即

$$F^S(t) = -C\eta(t) \tag{2.15}$$

波浪主干扰力 $F^I(t)$ 与绕射力 $F^D(t)$ 可合并称为波浪干扰力 $F^W(t)$。在时域分析中，辐射势可分解为由初始条件产生的速度势 $\Phi_{RI}(x,y,z,t)$ 和物体运动产生的速度势 $\Phi_{PM}(x,y,z,t)$ 两部分。对应的流体力各分量记为 F_i^{RI} 和 F_i^{RM}，其表达式为

$$\begin{cases} F_i^{RI} = -\rho\iint\limits_{S}\dfrac{\partial\Phi_{RI}(x,y,z,t)}{\partial t}n_i\mathrm{d}S \\[2mm] F_i^{RM} = -\rho\iint\limits_{S}\dfrac{\partial\Phi_{RM}(x,y,z,t)}{\partial t}n_i\mathrm{d}S \\[2mm] \qquad = -a_{ij}\ddot{\eta}_j(t) + \displaystyle\int_0^t L_{ij}(t-\tau)\ddot{\eta}_j(\tau)\mathrm{d}\tau \end{cases} \tag{2.16}$$

式中，$a_{ij} = \rho\iint\limits_{S}\phi_j(x,y,z,0)n_i\mathrm{d}S = A$；$L_{ij}(t-\tau) = \rho\iint\limits_{S}\dfrac{\partial\phi_j(x,y,z,t-\tau)}{\partial t}n_i\mathrm{d}S = L$。

船体刚体的质量矩阵 M 为

$$
M = \begin{bmatrix}
M & 0 & 0 & 0 & Mz_C & -My_C \\
0 & M & 0 & -Mz_C & 0 & Mx_C \\
0 & 0 & M & My_C & -Mx_C & 0 \\
0 & -Mz_C & My_C & I_x & -I_y & -I_{xz} \\
Mz_C & 0 & -Mx_C & -I_{yx} & I_y & -I_{yz} \\
-My_C & Mx_C & 0 & -I_{zx} & -I_{zy} & I_z
\end{bmatrix} \tag{2.17}
$$

则船体在波浪中运动方程的矩阵表达式为

$$
(M + A)\ddot{\eta}(t) + C\eta(t) + \int_0^t L\dot{\eta}(\tau)\mathrm{d}\tau = F^{IR}(t) + F^W(t) \tag{2.18}
$$

3）波浪中的船体剖面载荷

已知船体的运动响应 $\eta_j(t)$ 后，可根据达朗贝尔原理求解船体的剖面载荷，包括垂向和水平的剪力、弯矩、轴力和扭矩等。距尾垂线为 x 的剖面载荷为 $Qe^{i\omega t}$，利用达朗贝尔原理可得

$$
Q = -\iint_{Sx} p(x, y, z)n\mathrm{d}S - \omega^2 \bar{M}\eta \tag{2.19}
$$

2.2.2　水弹性时域方法

传统的波浪载荷计算忽略了结构变形对水动力求解的影响，不能准确反映波浪中船体结构振动现象的复杂特性[10,11]。同时，宽扁型江海直达船舶的自振频率较低，两节点弯曲响应周期与航线中海段波浪特征周期相近，可能因波浪激励引起船体共振。通过非线性水弹性时域方法对船体运动，以及弹性振动响应进行计算，可将整船离散为变截面的 Timoshenko 梁并体现各剖面处的截面特性，结合边界元法计算其附加质量与阻尼，通过模态叠加法得到船体结构的弹性固有湿频率。由于船体湿表面的非线性，其静水力与非线性水动力在每一时间步长均需更新，在此基础上通过动量理论纳入高频瞬态载荷，采用 Buchner 理论考虑甲板上浪影响[12,13]。

1）船体结构模态计算

通过模态叠加法对船体结构的弹性固有频率进行计算，可将船体梁视为两端自由的变截面 Timoshenko 梁。它由 N 个离散的梁单元组成并保证其位移连续性，模拟实船的重量分布与截面特性。离散的船体梁模型如图 2.5 所示。

考虑剪切力与转动惯性矩作用，梁单元示意图如图 2.6 所示。

图 2.5　离散的船体梁模型

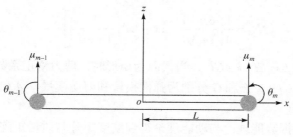

图 2.6　梁单元示意图

第 m 个梁单元的结构特性如下所述。在局部坐标系 $o\text{-}xz$ 中，2 节点的无量纲化位移，以及转动形函数 $N_{2\times4}$ 可表示为

$$
\begin{bmatrix}\mu(x)\\ \theta(x)\end{bmatrix}=N\begin{bmatrix}u(m-1)\\ \theta(m-1)\\ u(m)\\ \theta(m)\end{bmatrix},\quad x\in(-1,1) \tag{2.20}
$$

假设剪切应变 γ 沿梁长为恒量，无量纲转角可表示为

$$
\theta(x)=\frac{\partial\mu}{\partial x}-\gamma \tag{2.21}
$$

结合弯矩曲率关系与剪切力，形函数 $N_{2\times4}$ 可通过其边界条件求得，即

$$
N_{11}=\frac{1}{4}\left[2+\frac{x^3}{1+3\beta}-x\left(\frac{1}{1+3\beta}+2\right)\right]
$$

$$
N_{12}=\frac{l}{4}\left[(1-x^2)+\frac{1}{1+3\beta}(x^3-x)\right]
$$

$$
N_{13}=\frac{1}{4}\left[2-\frac{x^3}{1+3\beta}+x\left(\frac{1}{1+3\beta}+\frac{1}{2}\right)\right]
$$

$$
N_{14}=\frac{l}{4}\left[(x^2-1)+(x^3-x)\left(\frac{1}{1+3\beta}\right)\right]
$$

$$
N_{21}=\frac{3}{4l}\left[(x^2-1)\left(\frac{1}{1+3\beta}\right)\right]
$$

$$N_{22} = \frac{1}{4}\left[-1 - x\frac{4+3\beta}{2(1+3\beta)} + 3(1-x^2)\frac{3\beta}{1+3\beta}\right]$$

$$N_{23} = \frac{3}{4l}\left[(1-x^2)\left(\frac{1}{1+3\beta}\right)\right]$$

$$N_{24} = \frac{1}{4}\left[\frac{6\beta-1}{1+3\beta} + 2x + 3x^2\left(\frac{1}{1+3\beta}\right)\right] \tag{2.22}$$

式中，剪力系数 $\beta = EI / \kappa AGl^2$，当截面为矩形时，剪力修正系数 κ 为 6/5，截面为圆形时，$\kappa = 10/9$，E 和 G 分别为弹性模量和剪切模量，A 和 I 分别为横截面面积和惯性矩。

因此，可根据势能理论与动能理论得到刚度矩阵与质量矩阵，即

$$K = \int B^{\mathrm{T}}\begin{bmatrix} EI & 0 \\ 0 & \kappa GA \end{bmatrix} B\mathrm{d}x$$

$$M = \frac{1}{2}\int_{-1}^{1}\rho A N_1^{\mathrm{T}} N_1 \mathrm{d}x + \frac{1}{2}\int_{-1}^{1}\rho I N_2^{\mathrm{T}} N_2 \mathrm{d}x \tag{2.23}$$

式中，N_1 和 N_2 为形函数子矩阵；$B = \begin{bmatrix} 0 & \dfrac{\mathrm{d}}{\mathrm{d}x} \\ \dfrac{\mathrm{d}}{\mathrm{d}x} & -1 \end{bmatrix} N$。

另外，船体的附加质量 a_{ij} 与阻尼系数 b_{ij} 通过边界积分法计算，相较于多参数保角变换法与 Frank 拟合法而言，可以保证其结果的准确性、各频率下的连续性与光滑性，特别是在首尾型线变化剧烈的吃水处。计算域边界示意图如图 2.7 所示，其中 S_B 为底部边界，S_L 和 S_R 为无穷远处边界，S_F 为自由表面边界，S_C 为水线以下物面。

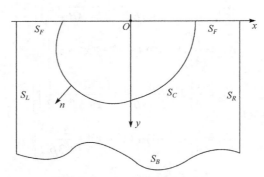

图 2.7　计算域边界示意图

将水线以下物面 S_C 离散成 N 个计算面元，各物面面元的法向为 $n = \{n_x, n_y\}$，面

元中点坐标为 $P(x,y)$。物面面元在平衡位置以 ω 频率作微幅简谐运动，物面速度为

$$V(P,t) = \mathrm{Re}(\hat{V}(P)\mathrm{e}^{\mathrm{i}\omega t}) \tag{2.24}$$

其边界值方程式可表述为

$$\pi\varphi(P) + \int_S \varphi(Q)K(P,Q)\mathrm{d}S(Q) = \int_{S_C} f(Q)\ln r\,\mathrm{d}S(Q) \tag{2.25}$$

各边界上的形函数为

$$\begin{cases} K_C(P,Q) = \dfrac{\partial \ln r}{\partial n_Q}, & Q \text{ 在 } S_C \\[2mm] K_F(P,Q) = \dfrac{\partial \ln r}{\partial n_Q} + k_0 \ln r, & Q \text{ 在 } S_F \\[2mm] K_{R,L}(P,Q) = -\dfrac{\partial \ln r}{\partial n_Q} - ik_{R,L}\ln r, & Q \text{ 在 } S_{R,L} \end{cases} \tag{2.26}$$

因此，可在质量矩阵 M、刚度矩阵 K、附加质量 a_{ij} 与阻尼系数 b_{ij} 在多自由度系统振动方程的基础上得到全船的前 n 阶干湿固有频率，以及相应振形。

2) 船体湿表面载荷

在船体水弹性理论的基础上，可以通过非线性水弹性时域方法对船体运动进行计算分析。船体在波浪中的振动运动方程为

$$M\ddot{u} + B\dot{u} + Ku = F(x,t) \tag{2.27}$$

式中，M 为包括附加质量的正定对称质量矩阵；B 为阻尼系数矩阵；K 为半正定对称刚度矩阵。

船体结构的质量矩阵与刚度矩阵分别由上述动能与势能理论得到，考虑其剪切变形与转动惯量。

在模态叠加法的基础上，任一点的船体位移向量可通过前 n 阶振动模态的主坐标 p_r 和模态 u_r 得到，即

$$u(x,y,z,t) = \sum_{r=0}^{n} u_r(x,y,z)p_r(t) = Dp \tag{2.28}$$

因此，主坐标下的运动方程可表示为

$$\begin{aligned} &m\ddot{p} + b\dot{p} + kp = F_k(t) \\ &m = D^{\mathrm{T}}MD \\ &b = D^{\mathrm{T}}BD \\ &k = D^{\mathrm{T}}KD \\ &F_k(t) = D^{\mathrm{T}}F(x,t) \end{aligned} \tag{2.29}$$

水动力向量 $F_k(t)$ 可分为辐射力 F^R、Froude-Krylov 力 F^{FK}、绕射力 F^D、回

复力 F^S、砰击力 F^{slam} 和甲板上浪力 F^{GW}。因此，每一时间步长内对应其瞬态湿表面的波浪外载荷为

$$F^R + F^{FK} + F^D + F^S + F^{\text{slam}} + F^{GW} = F_k(x,t) \qquad (2.30)$$

3）水动力载荷激励

具备快速运算的优势，非线性辐射力可由各瞬时下的湿表面通过时域卷积法求得，运动方程可通过有限差分法求得，即

$$F^R = \sum_{r=1}^{N}\left[-A_{kr}^{\infty}\left(\ddot{p}_r(t) - \int_0^t K_{kr}^m(t-\tau)\dot{p}_r(t)\mathrm{d}\tau - C_{kr}^m p_r(t) \right) \right], \quad k=1,2,\cdots,N \quad (2.31)$$

式中，N 为仿真中考虑的前 N 阶模态；A_{kr}^{∞} 为无限大频率下的附加质量矩阵；C_{kr}^m 和 K_{kr}^m 分别为辐射回复系数矩阵与记忆函数，均可通过各频率下的水动力系数求得，即

$$
\begin{aligned}
A_{kr}^{\infty} &= \int_0^l m^{\infty}(x)u_k(x)u_r(x)\mathrm{d}x \\
K_{kr}^m &= \frac{2}{\pi}\int_0^{\infty}(B_{kr}(\omega)\cos(\omega t))\mathrm{d}\omega \\
C_{kr}^m &= \omega^2(A_{kr}^{\infty} - A_{kr}(\omega)) - \omega\int_0^{\infty}(K_{kr}^m(\tau)\sin(\omega t))\mathrm{d}\tau
\end{aligned}
\qquad (2.32)
$$

定常绕射力可表述为

$$
\begin{aligned}
&F_j^D(t) \\
&= \mathrm{Re}\left\{
\begin{array}{l}
\rho\zeta_a\omega_0\mathrm{e}^{\mathrm{i}(\omega_e t+\theta_k)}\displaystyle\int_L \mathrm{e}^{-\mathrm{i}kx\cos\beta}\int_{C_x}\mathrm{e}^{\mathrm{i}ky\sin\beta+kz} \\
\times\left\{ (\mathrm{i}n_3 + n_1\cos\beta - n_2\sin\beta)\phi_j^0 - \left[\dfrac{U}{\mathrm{i}\omega_e}(\mathrm{i}n_3 + n_1\cos\beta - n_2\sin\beta)\phi_j^0\right]_{j=5,6} \right\}\mathrm{d}l\mathrm{d}x, \\
+\dfrac{\rho U\varsigma_a}{\mathrm{i}\omega_e}\displaystyle\int_{C_x}\omega_0\left[(\mathrm{i}n_3 + n_1\cos\beta - n_2\sin\beta)\mathrm{e}^{-\mathrm{i}kx\cos\beta+\mathrm{i}ky\sin\beta+kz} \right]\phi_j^0\mathrm{d}l
\end{array}
\right\} \\
&j=1,2,\cdots,6
\end{aligned}
$$

$$(2.33)$$

式中，n_1、n_2、n_3 为截面三个方向上的法向分量；ϕ_j^0 为零航速下的辐射势；C_x 为

剖面湿表面。

非定常绕射力可通过截面附加质量和阻尼系数表示，即

$$f_{kj}^{R} = -\mathrm{i}\rho\omega_e \int_{C_x} n_k \phi_j^0 \mathrm{d}l = \omega_e^2 a_{kj} - \mathrm{i}\omega_e b_{kj} \tag{2.34}$$

因此，时域非线性绕射力可表示为

$$
\begin{aligned}
F_k^D(t) = \mathrm{Re}\Bigg(& \zeta_a \mathrm{e}^{\mathrm{i}(\omega_e t + \theta_k)} \bigg\{ -\omega_0 \mathrm{e}^{kz} \mathrm{e}^{\mathrm{i}kz} \int_L \bigg[\frac{\omega_0}{\omega_e}(\omega_e m(x) - \mathrm{i}N(x))u_k \mathrm{d}x \\
& + \frac{U}{\mathrm{i}\omega_e} \mathrm{e}^{\mathrm{i}kx + kz}(\omega_e m(x) - \mathrm{i}N(x))u_k' \mathrm{d}x \bigg] \bigg\} \Bigg) \\
& - \bigg[\omega_0 \frac{U}{\mathrm{i}\omega_e} \mathrm{e}^{\mathrm{i}kx^* + kz}(\omega_e m(x) - \mathrm{i}N(x))u_k \bigg]_0^l
\end{aligned}
\tag{2.35}
$$

式中，z 为剖面局部参考点与质心的垂向距离；ω 和 ω_e 分别为波浪频率和遭遇频率。

根据波浪入射势，时域内的 F^{FK} 沿每一时刻步长的湿表面进行积分，即

$$F_k^{FK}(t) = \mathrm{Re}\left(\rho g \zeta_a \mathrm{e}^{\mathrm{i}(\omega_e t + \theta_k)} \right) \iint_{L \times C_x} n u_k(x) \mathrm{e}^{\mathrm{i}kx + kz} \mathrm{d}l \mathrm{d}x \tag{2.36}$$

式中，C_x 为入射波高下的水下湿表面轮廓线；$\mathrm{d}l$ 为沿截面的步长。

此外，回复力为平均水线处与波峰间的压力为

$$F^S(x,t) = -\rho g \iint_{L \times C_x} n z u_k(x) \mathrm{d}l \mathrm{d}x - F_{\mathrm{static}}^H \tag{2.37}$$

式中，F_{static}^H 为静水力；z 为各点于船体表面的瞬态吃水，$z = H(y,z) + \sum\limits_{r=0}^{m} u_r(x)p_r(x)$，$H(y,z)$ 为相对于平均水线的截面坐标。

船体出水后又入水时产生的局部砰击力，可在 von Karman 模型的基础上通过动量砰击理论对砰击力进行求解。瞬时砰击力、船体周围流体动量，以及浮力变化率为

$$F^{\mathrm{slam}}(x,t) = \int_L f^{\mathrm{slam}} u_k \mathrm{d}x$$

$$f^{\mathrm{slam}} = \frac{\partial m(x)}{\partial t} \frac{Dw_{\mathrm{rel}}}{D_t} - U \frac{\partial m(x)}{\partial x} \frac{Dw_{\mathrm{rel}}}{Dt} \tag{2.38}$$

$$\frac{Dw_{\mathrm{rel}}}{Dt} = \sum_{r=0}^{m} u_r(x) \frac{\partial p_r(t)}{\partial t} - U \sum_{r=0}^{m} p_r(t) \frac{\partial u_r(x)}{x} - \mathrm{Re}(\mathrm{i}\zeta_a \omega \mathrm{e}^{\mathrm{i}(\omega_e t + \theta_k)} \mathrm{e}^{\mathrm{i}kx})$$

式中，$m(x)$ 为无限大频率下的附加质量。

甲板上浪力应用 Buchner 提出的动量理论计算，并沿截面积分，即

$$F^{GW}(x,t) = \int_L f^{gw} u_k \mathrm{d}x$$

$$f^{gw} = \left(\frac{\partial m_{gw}}{\mathrm{d}t}\right)w + (g\cos\xi_5 + \frac{\partial w}{\partial t})m_{gw} \tag{2.39}$$

式中，m_{gw} 为甲板上浪质量，可通过相对运动，以及干舷间的垂向距离计算得到。

4) 船体结构载荷

通过水弹性方法对全船进行总振动计算后，可基于模态叠加法得到全船运动响应，以及各截面动载荷。某剖面的载荷响应可表示为

$$M(t) = \sum_{r=2}^{n} p_r(t)M_r(x)$$

$$M_r(x) = EI\frac{\mathrm{d}^2 u_r(x)}{\mathrm{d}x^2} \tag{2.40}$$

2.3　江海直达船舶船体波浪载荷直接计算

江海直达船舶既航行于海上又航行于内河，在内河航行时受到的波浪载荷很小，研究海上遭受的波浪载荷才有意义。这就需要根据实际情况重新定义江海直达船舶波浪载荷的超越概率水平。本节从波浪谱、波浪载荷超越概率、波浪载荷短期预报和波浪载荷长期预报等方面开展江海直达船舶波浪载荷的直接计算。

2.3.1　波浪谱

波浪谱是依据特定区域波浪观测资料得到的。各种波浪谱之间的差别较大，不同海区、水深、海况条件下，波浪成长状态也有较大差异。一般来说，波浪谱反映一个海域内波浪能量的分布特性。对于船舶波浪载荷统计预报来说，最好是用代表该船舶活动海域的各种海情的实测波浪谱估算其响应。虽然我国科学家针对我国海区的波浪提出了相应的波浪谱，但基本上未在船舶领域得到很好的认可和应用。在这种情况下，只能借助目前国际通用的几种波浪谱，如 Pierson-Moskowitz 谱(简称 P-M 谱)、国际船级协会(Internatioual Society of Ship Classification, ISSC)双参数谱和 JONSWAP 谱等。

P-M 谱是 Moscowitz 对北大西洋充分成长状态的风浪记录进行谱估计和曲线

拟合时得到的，是经验谱，依据的资料比较充分，分析方法合理，使用也方便。目前采用的大多数标准波浪谱主要是基于 P-M 谱的形式建立的，适用于充分发展的海浪。ISSC 在 1964 年建议的双参数谱不仅适用于充分发展的海浪，也适用于成长中的海浪或由涌组成的海浪。"北北海浪联合计划"对有限风区的海浪进行系统观测提出 JONSWAP 谱，表示风浪处于成长的状态，具有非常尖而高的峰，适用于有限风区的情况。该谱于 1979 年被 ISSC 推荐使用。特定航线江海直达船舶航行的海段为舟山海域，是有限风区成长状态的海浪，采用适合近海或遮蔽海域的 JONSWAP 谱较为合适。

2.3.2　超越概率水平

江海直达船舶既航行于海上，又航行于内河。海上的波浪较内河波浪恶劣得多，因此在确定江海直达船舶的波浪载荷时，应以其在海上航行时承受的波浪载荷为设计依据。在波浪载荷长期预报中，需要确定长期极值对应的超越概率水平，同时恰当反映航线的特点和船舶营运的实际情况。所谓超越概率水平，即超越该目标长期极值的概率，它的选取与船舶在设计寿命期内的波浪载荷循环次数密切相关。因此，在确定超越概率水平前，需确定船舶在设计寿命期内的波浪载荷循环次数，波浪载荷长期极值的超越概率水平即循环次数的倒数[14]。

江海直达船舶的设计寿命定按 25a 计，即 7.884×10^8s，根据调研资料年均在航率为 75%，即寿命期内航行 5.913×10^8s。江海直达船舶大部分时间航行于内河水域，海上航程较短。从武汉至北仑港海段约 217km，江段约 1025km，整个寿命周期内船舶海上航行的时间比例约为 17.5%。结合舟山海域的波浪散布图中波浪跨零周期的分布，在江海直达船整个寿命期内，波浪载荷循环次数为 18780000 次，其设计波浪载荷长期极值的超越概率水平为 $10^{-7.3}$。如果从马鞍山或南京到北仑港，则超越概率水平应在 $10^{-7.34} \sim 10^{-7.5}$ 之间。从江海直达航线来看，波浪载荷的超越概率水平也基本在这个范围内。为保留一定的强度储备，取波浪载荷的超越概率水平为 $10^{-7.5}$。

2.3.3　计算工况

江海直达船舶在航行过程中会受到静水压力、波浪水动压力和自身重力等载荷作用。静水载荷可以根据船舶装载状态的浮力分布和船舶重量分布计算得到。波浪水动压力可基于三维势流理论计算船体湿表面速度势得到船体湿表面压力分布。

根据中国船级社《特定航线江海直达船舶建造规范》(2018)的规定，需要考虑如下六种典型工况，包括一种静水工况和五种波浪条件下的工况。江海直达船舶波浪载荷计算工况如表 2.2 所示。五种波浪工况的装载状况需要与静水工况一致，并且每种装载状况都要进行波浪载荷计算。本节以满载出港这种典型装载状况为例进行说明。

表 2.2　江海直达船舶波浪载荷计算工况

静水工况	LC1	LC2	LC3	LC4	LC5
满载	最大垂向弯矩	最大水平弯矩	$L/4$ 处最大扭矩	$L/2$ 处最大扭矩	$3L/4$ 处最大扭矩

2.3.4　计算模型

载荷计算模型为船壳湿表面模型，取整船结构模型的船壳表面(不包括甲板结构)进行载荷计算，可得到船体湿表面的静水压力和波浪动压力分布。江海直达船舶载荷计算湿表面模型如图 2.8 所示。

图 2.8　江海直达船舶载荷计算湿表面模型

船体质量纵向分布直接影响船舶浮态，会对船体载荷产生直接影响。因此，在进行载荷计算时，还需确定船体质量分布，使计算模型的质量分布与实际质量分布基本一致，从而保证载荷计算的准确性。江海直达集装箱船质量分布模型如图 2.9 所示。

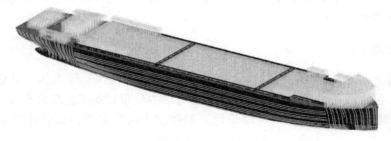

图 2.9　江海直达集装箱船质量分布模型

沿船长方向设置 20 个横截面(首尾垂线间 20 等分)分别计算各剖面的剪力、

弯矩、扭矩等船体外载荷。沿船长方向载荷剖面计算位置(记为 SECL)示意图如图 2.10 所示。

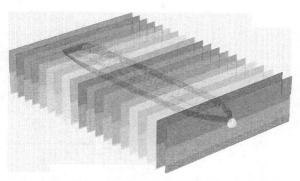

图 2.10　沿船长方向载荷剖面计算位置示意图

2.3.5　波浪载荷短期预报

江海直达船舶在航行过程中可能遭遇不同频率和浪向角的波浪作用,因此需要计算各种频率下波浪的作用。一般情况下,需要考虑浪向角从 0°(随浪,沿船长方向指向船首)到 180°(迎浪,沿船长方向指向船尾)间隔 15°或 30°的各种浪向角,波浪频率的范围从 0.2~2.0rad/s,间隔 0.05rad/s 或 0.1rad/s。

对各种装载工况进行波浪载荷短期预报,可以得到一系列单位波幅、不同频率和不同浪向角下的船体运动响应传递函数,如满载工况下船体的垂荡、纵荡和横荡运动传递函数(图 2.11~图 2.13)。

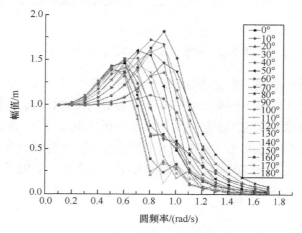

图 2.11　满载工况下船体垂荡传递函数

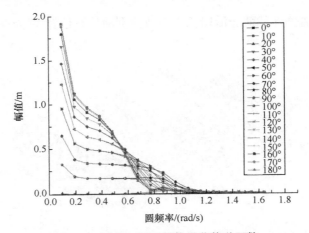

图 2.12　满载工况下船体纵荡传递函数

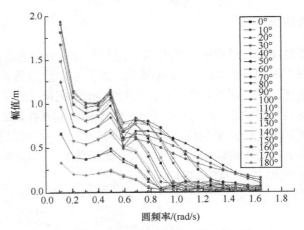

图 2.13　满载工况下船体横荡传递函数

　　根据设计波的原理，波浪诱导的船体波浪载荷可以用几个载荷参数表示。通常根据船体航行于波浪上的受力特点和船体自身的结构特性，选择对总纵强度影响最大的载荷参数来确定用于船体结构强度分析的设计载荷。船体结构强度分析的主要载荷有垂向波浪弯矩、扭矩、水平波浪弯矩、垂向波浪剪力、水平波浪剪力等[15]。沿船长均布的 20 个计算剖面的典型垂向弯矩、扭矩、水平弯矩传递函数分别如图 2.14～图 2.16 所示。

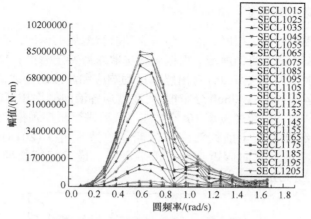

图 2.14 180°各剖面垂向弯矩传递函数

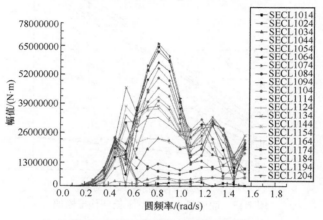

图 2.15 120°各剖面扭矩传递函数

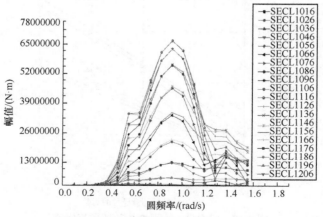

图 2.16 120°各剖面水平弯矩传递函数

2.3.6　波浪载荷长期预报

进行波浪载荷长期预报时，需要参考船舶航行海域的海况。特定航线的江海直达船舶航行于长江及舟山海域。根据航线选取东海特定海区，参考波浪散布资料，利用三维水动力方法可以计算出船体运动响应和波浪诱导载荷的传递函数，选取危险工况运用二维 Weibull 分布拟合,在遭遇各浪向概率相等的假设条件下，选用 JONSWAP 谱，按超越概率 $10^{-7.5}$ 对波浪载荷进行长期预报。

按中国船级社《特定航线江海直达船舶建造规范》(2018)中规定的五种波浪工况，船中最大垂向弯矩、最大水平弯矩、最大扭矩长期预报极值分别如图 2.17～图 2.19 所示。

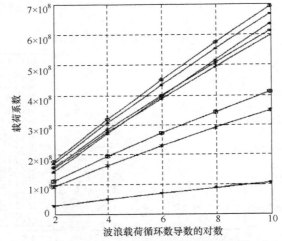

图 2.17　船中最大垂向弯矩长期预报极值

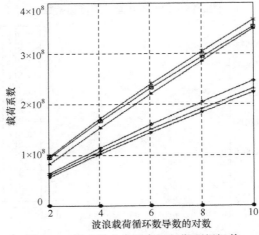

图 2.18　船中最大水平弯矩长期预报极值

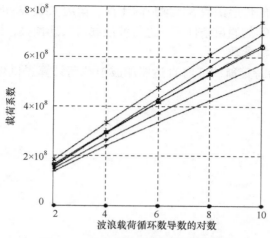

图 2.19　船中最大扭矩长期预报极值

　　五种波浪工况下，特定航线江海直达集装箱船满载下各种波浪工况的设计波参数如表 2.3 所示。

表 2.3　特定航线江海直达集装箱船满载下各种波浪工况的设计波参数

工况	浪向/(°)	频率/Hz	设计波长/m	设计波幅/m	相位角/(°)
LC1	180	0.65	145.9	5.541	170.910
LC2	120	1.0	61.6	4.311	103.176
LC3	60	1.0	61.6	3.653	71.421
LC4	60	1.1	61.6	4.793	−54.014
LC5	120	1.0	50.9	4.520	−71.950

2.4　本 章 小 结

　　为有序承接产业从东部沿海发达地区向中西部地区转移，打造中国经济新的增长带，以节能、环保、经济、高效为特征的江海直达船舶开发势在必行。特定航线江海直达船舶要通江达海，但其海段为特定海区，与沿海各海区的波浪特性有较大的不同。本章首先对东海特定海区的波浪散布状况和有义波高等波浪特征参数进行介绍。然后，对适用于江海直达船舶波浪载荷的计算理论、三维势流理论和水弹性时域理论进行详细的阐述。最后，利用三维水动力方法对江海直达船舶波浪载荷进行计算分析。根据航线波浪特征选取 JONSWAP 波浪谱；对波浪遭遇状况进行分析，确定超越概率为 $10^{-7.5}$，按照规范选取计算工况，针对各种浪向角、波浪频率、典型载况进行波浪载荷短期预报，得到一系列单位波幅、不同频率和不同浪向角下的船体运动响应传递函数和载荷传递函数。利用船体运动响应和波浪诱导载荷的传递函数，选取危险工况，运用二维 Weibull 分布拟合，在遭遇各浪向概率相等的假设条件下，进行波浪载荷长期预报，得到各波浪工况结构强度计算的设计波参数。

　　本章内容可为特定航线江海直达船舶波浪载荷计算提供理论支持和可靠的技术参考。

第3章 江海直达船舶船体结构安全性

江海直达船舶既航行于江段,又航行于海段,与常规船舶有较大的不同。为了提高载重量,获得良好的经济性,往往设计为宽扁型,因此船体结构相对较弱。对于宽扁型江海直达船舶,需从船体结构极限强度、砰击强度,以及疲劳强度等三方面确保船体结构安全可靠。

3.1 江海直达船舶船体结构极限强度

船体结构在外载荷作用下会发生屈曲或屈服,随着载荷的进一步增大,发生崩溃破坏,丧失承载能力。船体结构在发生崩溃前所能承载的最大荷载,就是船体结构的极限强度。它在很大程度上能表征船舶在极度恶劣海况下的生存能力。

3.1.1 极限强度分析方法

目前,研究和评估船体梁极限强度的方法主要有一步法、Smith 法、理想结构单元法(idealized structural unit method,ISUM)、非线性有限元法(nonlinear finite element method,NFEM)和模型实验法等[16]。

1) 一步法

一步法是计算船体梁中垂极限弯矩的一种简化方法。它考虑甲板结构在横框架之间的屈曲导致的船体梁弯曲刚度降低,以及船体结构失效崩溃。该方法在油船结构共同规范(Common Structural Rules for Tanker, CSR-T)中用于计算船体梁极限强度。主要计算步骤如下。

① 计算横剖面的水平中和轴位置、惯性矩,以及剖面模数。

② 根据线弹性理论计算剖面各构件的总纵弯曲应力。

③ 计算板、纵桁等构件的欧拉应力,并与中拱、中垂工况下各构件的总纵弯曲应力进行比较。

④ 欧拉应力小于总纵弯曲应力的构件,需根据其是否受压进行构件剖面面积的折减。

⑤ 计算折减后的最小剖面模数。

⑥ 计算折减后的船体梁极限强度。

⑦ 船体梁极限强度 M_u 可以由下式计算得到,即

$$M_u = Z_{\text{red}} \sigma_{yd} \cdot 10^3 \tag{3.1}$$

式中，σ_{yd} 为材料最小屈服极限，用来确定船体梁剖面模数（N/mm^2）；Z_{red} 为甲板折减后的剖面模数，即

$$Z_{\text{red}} = \frac{I_{\text{red}}}{z_{\text{dk-mean}} - z_{\text{NA-red}}} \tag{3.2}$$

式中，I_{red} 为船体梁折减后的惯性矩；$z_{\text{dk-mean}}$ 为基线处量至平均高度的垂向距离；$z_{\text{NA-red}}$ 为基线处量至折减后剖面中和轴的垂向距离。

2) Smith 法

考虑船体结构各构件在极限强度后承载能力的降低和崩溃的先后顺序，Smith 提出船体梁逐次崩溃分析方法，通过逐渐增加船体剖面的弯曲曲率，结合离散后各单元的力学性能，得到船体梁的弯矩-曲率关系，并将最大的弯矩值定义为极限强度。该方法具有简单易用的优点，在船体梁极限强度研究中应用较多，并被纳入散货船和油船的协调共同结构规范(Harmonised Common Structural Rules, H-CSR)体系，作为标准方法校核散货船和油船的极限强度。具体求解步骤如下。

① 将船体剖面离散成若干个单元，包括板单元、加筋板单元和硬角单元。硬角单元由若干相交的板组成，用来模拟不可能发生屈曲的构件。其应力-应变关系通常假设为理想弹塑性模型。

② 计算所有单元的平均应力-平均应变关系。

③ 设定初始曲率和初始中和轴位置，一般取使甲板处应力达到其屈服应力的 1%时所对应的曲率为初始曲率。

④ 根据各单元中心离中和轴的距离确定各个单元的应变。

⑤ 按照单元的平均应力-平均应变关系，求得各单元相应的应力。

⑥ 对于每一增量步，以整个剖面的静力平衡为准则，确定中和轴的位置。

⑦ 将各个单元所受的力对中和轴求矩，并将其相加，得到作用于整个剖面的弯矩。

⑧ 增大曲率值，返回④，继续求解，得到一系列弯矩-曲率关系曲线。最大弯矩值即船体梁极限强度。

Smith 法是在平断面假设的前提下进行的，如果船体是在纯弯状态，其计算精度相对较高。对于弯扭组合载荷的情况，其精度尚需进一步深入地研究和验证。

3) ISUM

ISUM 是一种将材料非线性和几何非线性理想化并包括在单元中的简化矩阵方法。该方法将屈曲、屈服等非线性行为用适当的形函数理想化，用屈服准则等塑性条件理想化避免沿板厚方向积分，并将这些包含在单元中。这样就可以将较

大的结构单位视为理想结构单元，从而大幅减小自由度，减少计算时间，使对大型结构体系，如船体梁等的极限强度分析成为可能。

按照理想化方法的不同，ISUM 的发展可分为三代。第一代 ISUM 不考虑屈曲变形，屈曲以后面内刚度的降低是通过有效带板宽度的概念来模拟的；单元的非线性行为通过理想化的解析公式来表达。这样相应的公式相当复杂，只有具有相当工程知识和数学力学理论功底的人才能理解其含义和解析过程。第二代 ISUM 将面外变形作为独立的自由度，以屈曲特征函数理想化面外变形形状。它将 ISUM 的本质问题从如何精确地理想化非线性行为转变到如何选取有较少自由度的高精度面外变形函数。单元精度取决于正确地选取变形函数来模拟实际的变形。第二代 ISUM 采用屈曲特征函数，能够较好地模拟结构的屈曲行为，但对于极限强度以后的局部塑性变形(变形形状迥异于屈曲特征模态)，就不能很好地模拟了。第三代 ISUM 采用崩溃模态的面外变形函数模拟结构的逐次崩溃行为。基于非线性有限元的系列计算结果，可以用最小二乘法拟合面外变形的形状函数。这样新开发理想结构单元的精度就能得到保证。

ISUM 的计算精度取决于所选面外变形函数模拟实际变形形状的程度，开发出的理想结构单元可以很好的用于散货船、集装箱船和油船的极限强度计算分析中。然而，在复杂载荷作用下，求解精度更高的理想结构单元仍在开发中，对于其他特殊船型的适用性也有待进一步研究。

4) NFEM

NFEM 考虑材料非线性和几何非线性的影响，具有通用性和有效性的特点，在结构极限分析研究领域的应用越来越普遍，尤其是复杂结构在复杂载荷作用下的响应。NFEM 作为一种通用数值方法，其主要求解思路如下。

① 将船体结构的求解域离散成有限个单元，各单元通过节点相互连接。

② 由单元内假定的近似场函数表示整个求解域需要求解的未知数。根据待求解的场函数(或其变分)在单元每个节点上的值和相应的插值函数得到单元内的近似场函数，从而将需要求解的全部场函数的无穷多个自由度的问题，转变成求解场函数在各个单元节点上的有限个自由度的问题。

③ 经过等效转换，得到与原问题等价的控制方程和相应的边界约束，利用变分原理或加权残量法，创建求解主要未知数的常微分方程组或代数方程组。然后，用数值方法求解此方程组，从而解得相应的未知数。

只要合理地给出船体结构的受载方式、边界条件，选取合理的单元类型、网格尺寸，并综合考虑可能影响极限强度的各种因素(如焊接残余应力、初始变形等)，非线性有限元程序法一般都能较精确地计算出船体结构的极限强度。

5) 模型实验法

模型实验法由于能真实地再现船体结构在特定载荷下的变化过程，成为揭示崩溃本质特征最根本、最有效的手段，在船体极限强度研究中常采用这一极具说服力的手段。模型实验法是采用实船或按实船比例缩小建造的模型，对其施加载荷作用可以获得最大承载力的方法，分为实船崩溃实验和模型崩溃实验两种。

实船崩溃实验耗费巨大，历史上只进行过三次实船实验。美国海军于 1930 年和 1931 年对横骨架式铆接船 Preston 号和 Bruce 号这两艘驱逐舰进行了实船崩溃实验，分别在中垂和中拱状态下加载至崩溃。第二次世界大战之后，英国皇家海军对尚未完工的驱逐舰 Albuera 号进行了实船崩溃实验。该船为纵骨架式铆接船，在中拱状态下逐步加载至结构崩溃。

在 Albuera 号崩溃实验之后，世界范围内再也没有进行过实船崩溃实验。此后发生的诸多船舶海难事故，由于海难发生时的载荷状态是可以推知的，因此也可视为实船崩溃实验。例如，Energy Concentration 号油轮在卸货时的断裂沉没，Nakhod 号油轮遭遇恶劣海况时的断裂沉没等。

实船崩溃实验耗资巨大，加之具有不可重复性，实际上也很难达到预期的目标。相比之下，模型实验简单，易于实施，目的性强，因此被各国研究者广泛采用。模型实验可以更有针对性地对某一具体因素对船体结构极限强度的影响展开研究，可以更精准地研究船体结构在特定载荷作用下的逐次崩溃特性，促进和加深对崩溃发生机理的认识，为船体结构极限强度研究积累宝贵的资料。对于江海直达船舶这种新船型，具有复杂的结构形式且受到复杂的载荷作用，模型实验法可以从物理本质上反映其逐次崩溃的特征。

3.1.2　极限强度数值计算

对江海直达船舶船体结构而言，上述各极限强度计算方法中的 NFEM 是适应性好、计算精度高的有效可靠数值分析方法。本节将以 NFEM 为例对极限强度数值计算方法展开讨论。

1) 模型范围和网格划分原则

根据计算规模和计算条件状况，江海直达船舶船体结构极限强度计算模型可分为双跨模型(double-section model)、舱段模型(hold model)，以及整船模型(whole ship model)。

双跨模型以船中强横框架为基准，向船首、船尾各延伸半个强横框架间距，主要计算总纵弯矩或水平弯矩作用下船体结构极限强度。

舱段模型包括两横舱壁间的 1 舱段模型，从横舱壁向船首、船尾各半个舱段的 1/2+1/2 舱段模型，以及从中间舱向船首、船尾各半个舱段的 1/2+1+1/2 舱段模型，可用于计算总纵弯矩、水平弯矩作用，以及局部载荷作用下的船体结构极限强度。

　　整船模型包括全部船体结构。由于船体是细长体结构，船中部位承受的载荷较大，向船首、船尾承载逐渐减小，结构设计时也是船中部位结构设计得要强些，向船首、船尾逐渐减弱。船首、船尾线型变化复杂，建模工作量很大，往往采用船中部位相同的结构，建立理想化全船结构模型。

　　根据船体结构受载特征和响应特性，极端载荷下船体结构崩溃集中在局部区域，其他区域卸载或保持弹性状态，因此仅将可能崩溃的局部区域采用细化网格，其他区域采用粗网格。这样非线性计算分析规模不至于过大而无法实施，同时也能保证计算的精度，反映船体结构崩溃的主要特性。

　　崩溃区域的结构由于要模拟屈曲和局部塑性变形等典型崩溃模态，加强筋间的板格被至少划分为 5 个单元(宽度方向)。当然，单元数越多，计算时间越长，对计算机内存、硬盘的要求越高。板格长度方向的网格大小与宽度方向基本相同。加强筋腹板至少可以划分为 5 个单元(模拟腹板局部变形)，翼板 1 个(角钢)或 2 个(T 型材)单元。其他区域可采用加强筋间距大小的网格尺寸。双跨模型的网格划分应按崩溃区域的网格进行。

　　2) 边界条件

　　采用双跨模型，计算模型的前后端面为两强横框架的中间。根据变形特征施加对称的边界条件，强横框架剖面处根据变形特征在船底限制垂向平动自由度(U_z=0)和纵向转动自由度($\theta_x = 0$)，在舷侧限制横向平动自由度(U_y=0)和纵向转动自由度($\theta_x = 0$)。双跨模型边界条件如图 3.1 所示。在计算模型的前后端面任意位置设主节点 m，基于平断面假定，断面各节点与主节点的横向转动自由度(θ_y)保持一致，主节点有纵向平动自由度(U_m)和横向转动自由度(θ_m)。

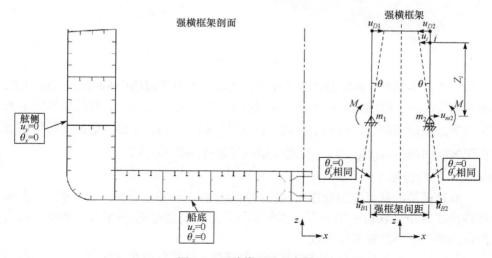

图 3.1　双跨模型边界条件

距主节点距离 Z_i 的节点 i，其位移量与主节点位移量的关系为

$$d_i = H_i d_m \tag{3.3}$$

式中，$d_i = \begin{bmatrix} u_i \\ \theta_i \end{bmatrix}$；$H_i = \begin{bmatrix} 1 & z_i \\ 0 & 1 \end{bmatrix}$；$d_m = \begin{bmatrix} u_m \\ \theta_m \end{bmatrix}$。

同样，节点 i 处的节点力 f_i 和弯矩 M_i 可通过下式转换为主节点的等效节点载荷，即

$$F_m = H_i^{\mathrm{T}} F_i \tag{3.4}$$

式中，$F_m = \begin{bmatrix} f_m \\ M_m \end{bmatrix}$；$F_i = \begin{bmatrix} f_i \\ M_i \end{bmatrix}$。

对于舱段模型，在端面 A、B 内中和轴与纵中剖面相交处建立一个独立点 H，在独立点上施加总纵弯矩(绕横轴的角位移)，端面各构件节点自由度与独立点相关。舱段模型边界条件如图 3.2 所示。

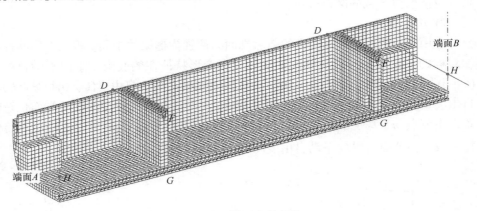

图 3.2　舱段模型边界条件

对于整船模型，需限制其刚体模态，在最前端中纵面的中和轴附近节点上限制纵向线位移、横向线位移和垂向线位移(即 $U_x = U_y = U_z = 0$)；在最后端的甲板中央节点限制横向线位移和垂向线位移(即 $U_y = U_z = 0$)；在最后端的底板中间节点限制横向线位移($U_y = 0$)。整船模型边界条件如图 3.3 所示。

3) 载荷施加

双跨模型的载荷施加通过在前后端面施加强制转角或弯矩实现，逐渐加大端面转角或弯矩，获得一系列弯矩和曲率值，进而得到弯矩-曲率关系曲线。最大的弯矩值即船体结构极限强度。

舱段模型的载荷包括总体载荷和局部载荷。总体载荷指总纵弯矩，包括许用

静水弯矩和波浪弯矩，将模型范围内最大的总体载荷以强制转角或弯矩的形式施加到端面 A 和端面 B 的独立点 H 上；局部载荷包括货物重量、水压力等，按其作用区域施加到相应位置上。

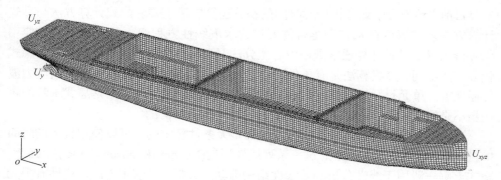

图 3.3　整船模型边界条件

整船模型的载荷较为复杂，需直接计算才能确定。基于势流理论作用于船体载荷和船体运动计算，首先是在指定波浪状态(如波长、波高、浪向等)和船体前进速度时的辐射速度势和绕射速度势计算，这些速度势要满足拉普拉斯方程和相应的边界条件。然后，采用格林函数方法近似自由表面条件，这种近似在遭遇频率不太高或是船体前进速度不太大的情况下，精度可以得到保证且求解较为方便。在求得格林函数后，分布的源可以根据船体表面条件通过求解积分方程得到，继而获得船体的速度势。最后，根据伯努利方程求得水动压力分布。根据达朗贝尔定律，惯性力可视为作用于结构的外力。

把直接计算得到的载荷转换到结构模型上，并转化为节点外载荷。同时，根据船体运动的加速度，计算各单元中心处的惯性力，将该惯性力分配到各节点，与节点外载荷相加成为作用于结构上的总节点载荷。

4) 数值计算方法

对于一般的动力学问题，其平衡方程为

$$M\ddot{u}+C\dot{u}+Ku = P \tag{3.5}$$

式中，M 为结构质量矩阵；C 为阻尼矩阵；K 为结构刚度矩阵；u 为位移向量；$\dot{u}$ 为速度向量；$\ddot{u}$ 为加速度向量；P 为外载荷向量。

动力有限元分析与静态有限元分析最大的不同在于动力有限元问题需要对动力学方程进行时间积分，具有以下特点。

① 需要对动力学方程进行时间积分，不必做模态分析提取固有频率。由于需要对时间积分，因此计算量远大于线性模态动力学方法。

② 在每个时间步上进行质量、阻尼、刚度矩阵的集成，采用完整矩阵，不

涉及质量矩阵的近似。

③ 可以同时考虑几何非线性、材料非线性、接触非线性等多种非线性的作用。

目前，动力有限元分析中对时间的积分运算方法主要有隐式计算方法与显式计算方法。二者的区别在于是否需要迭代求解线性方程组。隐式计算通常使用Newmark 法，显式计算通常采用中心差分法对运动学方程进行时间积分。与隐式积分算法不同，显式算法是有条件稳定的，它的临界稳定时间步长受材料应力波传播速度、单元尺寸等参数的影响。两者均是求解动力方程，只是显式求解的每一步不是绝对平衡，而隐式求解在每一步都是绝对平衡的。

隐式算法不考虑惯性效应。线性问题是无条件稳定的，可以使用较大的时间增量步。对于非线性问题，通过一系列线性逼近(Newton-Raphson 法)求解。因此，隐式求解一般用于线性分析和非线性结构静动力分析。目前主流的非线性有限元计算软件中的隐式算法大多基于 Newmark 时间积分法。

Newmark 时间积分法是由 Newmark 在 1959 年提出的逐步积分形式。它的基本假定为

$$\dot{u}_{t+\Delta t} = \dot{u}_t + \left[(1-\delta)\ddot{u}_t + \delta\ddot{u}_{t+\Delta t}\right]\Delta t \tag{3.6}$$

$$u_{t+\Delta t} = u_t + \dot{u}_t\Delta t + \left[\left(-\frac{1}{2}-\alpha\right)\ddot{u}_t + \alpha\ddot{u}_{t+\Delta t}\right]\Delta t^2 \tag{3.7}$$

式中，α 和 δ 是按积分的精度和稳定性要求可以调整的参数。

当 $\alpha=\dfrac{1}{6}$、$\delta=\dfrac{1}{2}$ 时，它就是线性加速度法。因此，Newmark 法也可以理解为线性加速度法的延伸。Newmark 法最初作为无条件稳定的一种积分形式被提出，是常平均加速度法，即假定从 t 到 $t+\Delta t$ 时刻，加速度不变，取为常数 $\dfrac{1}{2}(\ddot{u}_t + \ddot{u}_{t+\Delta t})$。此时，取 $\delta=\dfrac{1}{2}$、$\alpha=\dfrac{1}{4}$。常平均加速度法是应用最广泛的积分方法之一。研究表明，当 $\delta \geqslant 0.5$，$\alpha \geqslant 0.25(0.5+\delta)^2$ 时，Newmark 法是无条件稳定的。

在隐式计算法中，每一增量步都需要对平衡方程迭代求解。理论上，这个算法中的增量步可以很大，但是实际运算中会受到接触、摩擦等条件的限制。隐式算法需要对矩阵求逆，以及精确积分，因此随着单元数目的增加，计算时间呈几何级数上升。除此之外，隐式算法的不利方面还有收敛问题，以及刚度矩阵奇异等。

在主流大型非线性有限元软件中，中心差分法常用于对运动学方程进行显式时间积分。其优点是无需迭代求解线性方程组。中心差分法的原理是用一个增量步的动力学条件计算下一个增量步的动力学条件，用位移的有限差分代替位移的

导数，即速度和加速度。在不计阻尼影响时，由式(3.5)可得

$$u'' = M^{-1}(P - I) \tag{3.8}$$

式中，$I = Cu' + Ku$ 为考虑阻尼、黏弹塑性等的黏性效应项。

对时间显式积分，可得

$$\dot{u}_{\left(t+\frac{\Delta t}{2}\right)} = u_{\left(t-\frac{\Delta t}{2}\right)} + \frac{(\Delta t_{(t+\Delta t)} + \Delta t_{(t)})}{2} \ddot{u}_{(t)} \tag{3.9}$$

由速度对时间的积分并加上在增量步开始时的位移可以确定增量步结束时的位移，即

$$u_{(t+\Delta t)} = u_{(t)} + \Delta t_{(t+\Delta t)} \dot{u}_{\left(t+\frac{\Delta t}{2}\right)} \tag{3.10}$$

在得到每一计算时间步的位移后，便可根据应变速率计算单元应变增量 $\mathrm{d}\varepsilon$。根据本构关系可计算得到节点应力 σ_t，即

$$\sigma_{t+\Delta t} = f(\sigma_t, \mathrm{d}\varepsilon) \tag{3.11}$$

由式(3.10)可以看出，当前时刻的位移只与前一时刻的加速度和位移有关。这意味着，当前时刻的位移求解无需迭代过程且不存在收敛性问题。为了保证计算结果的精确性，时间增量必须相当小，这样在增量步中的加速度几乎为常数。由于时间增量步必须很小，一个典型的分析需要成千上万个增量步。因为不必同时求解联立方程组，所以每一个增量步的计算成本很低。

5) 计算结果及分析

极限强度数值计算结果既包括反映船体结构特性的弯矩-曲率关系曲线，又包括不同载荷水平的结构变形模态。采用双跨模型计算时，施加的载荷就是弯矩，单位长度的相对转角即曲率；采用舱段模型或整船模型时，取正中剖面和与之相差一个强框架间距的剖面，将各构件的应力乘以面积可以得到内力。内力沿剖面中和轴积分即得剖面弯矩。两个剖面弯矩的平均值作为计算弯矩时，两个剖面相对转角除以剖面间距即曲率，这样可得舱段模型或整船模型的弯矩-曲率关系曲线。中垂状态船体结构弯矩-曲率关系曲线如图 3.4 所示。

不同载荷水平的结构变形模态能反映船体结构逐次崩溃特性，对于把握船体结构安全可靠性具有重要意义。一般情况下，屈曲发生、屈服发生、极限强度，以及极限强度后的典型结构变形可基本反映船体结构逐次崩溃特性。宽扁型江海直达船舶在弯扭载荷下典型船体结构逐次崩溃特性如图 3.5 所示。

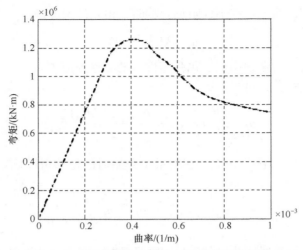

图 3.4　中垂状态船体结构弯矩-曲率关系曲线

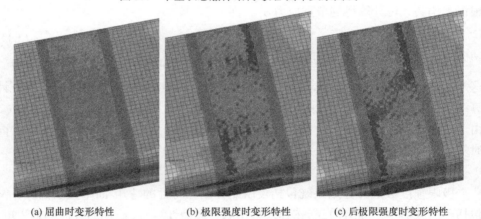

(a) 屈曲时变形特性　　　　　(b) 极限强度时变形特性　　　　(c) 后极限强度时变形特性

图 3.5　弯扭载荷下典型船体结构逐次崩溃特性

3.1.3　极限强度模型实验

对于宽扁型江海直达船舶这种新船型和新的结构形式,模型实验是揭示船体结构极限强度和崩溃特性最根本、最有效的方法。本节从实验模型设计、崩溃实验方案和实验结果分析等三个方面详细介绍船体结构极限强度实验[17-19]。

1) 实验模型设计

模型极限强度实验的目的是揭示实际船体结构的崩溃特性和极限承载能力,因此在设计实验模型时要使模型结构和实际船体结构有一定的相似性。

(1) 模型材料

实验模型材料选择应考虑以下几方面的要求。

① 实验目的及要求。

② 材料性能稳定且具有良好的加工性能。

③ 满足必要的精度。

(2) 相似准则

宽扁型江海直达船舶船体主要承受总纵弯矩和扭矩的作用,因此设计的实验模型需与实际船体结构间满足弯曲相似准则和扭转相似准则。根据载荷大小对结构行为的作用,可分为线性相似和非线性相似。

(3) 模型设计

按照前述弯曲和扭转载荷作用下的线性和非线性相似准则进行实验模型的设计。首先根据实验场地和加载能力等客观条件确定模型相似比的范围,综合考虑模型加工工艺、经费预算、实施方案等因素确定模型的几何相似比。

由于船体结构是典型的薄壁结构,若厚度相似比取值与几何相似比一样,将导致模型板厚非常的小,实际上无法实施。畸变相似理论将厚度视为一个独立的参数进行量纲分析,可较好地解决薄壁结构模型相似设计。

实验模型的设计应在弯曲线性相似准则、扭转线性相似准则、弯曲非线性相似准则和扭转非线性相似准则的指引下进行,要满足上述各相似准则。实验模型结构设计流程图如图 3.6 所示。

(4) 模型验证

进行极限强度模型实验的目的是将模型实验结果推算至实船,预报实船极限强度及崩溃模态。为保证预报的准确性,需对实验模型进行如下验证。

① 剖面特性。经相似变换后中和轴位置、剖面积和剖面惯性矩等剖面特性相差在 5%以内,实验模型能反映实船的强度和刚度特性。

② 应力分布。最大应力值相差在 5%以内,应力分布特征及应力分布规律基本相同。

(5) 模型加工

江海直达船舶船体结构实验模型都是采用薄板加筋的形式,模型加工应满足以下要求。

① 严格控制模型加工精度和制作误差。

② 保证模型材料性能分布均匀。

③ 模型的安装和加载部位的连接满足实验要求。

2) 崩溃实验方案

(1) 实验目的

通过江海直达船舶船体结构模型崩溃实验,获取典型载荷作用下结构崩溃特性和极限承载能力,正确把握船体结构崩溃机理,明确结构安全裕度,为安全、合理、可靠、轻量化结构设计提供技术基础和支持。

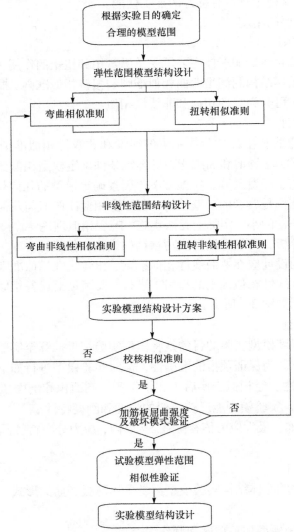

图 3.6　实验模型结构设计流程图

(2) 测点布置

江海直达船舶船体结构模型崩溃实验测点布置基于如下原则。

① 测点具有代表性，服从结构分析和强度衡准需要。

② 测点具有针对性，满足要求，重点突出。

③ 有利于仪器安装和观测，并且对试验操作是安全的。

④ 满足实验目的的前提下，测点宜少不宜多，关键部位多布置校核点。

⑤ 利用结构的对称互等原理，可适当减少测点数量。

在江海直达船舶船体结构崩溃实验中，可根据测量目的及任务，选择合适的测点位置。如果要测量板格屈曲应力成分，需在板格中央布置测点；如果要测量中和轴位置，需在舷侧同一剖面沿高度方向均匀布置测点。

(3) 实验流程

在实验场地安装好实验模型后，即可按下述流程开展实验。

① 在测点位置安装应变和位移测量装置。

② 各测量装置连线至应变仪及数据采集系统，调试仪器。

③ 预加卸载，消除焊接残余应力，检验实验系统。

④ 施加弹性范围内小载荷，验证模型的中和轴、剖面惯性矩、模数等。

⑤ 施加载荷，并逐渐加大载荷，直至结构崩溃。对于复合载荷的情况，要特别注意加载顺序。

⑥ 卸载。在卸载过程中测量 2～3 次。

3) 实验结果分析

通过江海直达船舶船体结构模型崩溃实验，可把握江海直达船舶船体结构逐次崩溃特性和结构极限承载能力。因此，要对实验过程中不同载荷水平的结构变形特性及应力分布特点进行分析。

以江海直达节能环保集装箱示范船结构模型崩溃实验为例，随着载荷的增加，模型中间舱的船底邻近舭部的板格达到临界值，率先发生屈曲失稳。船底板格屈曲发生如图 3.7 所示。

图 3.7　船底板格屈曲发生

随着载荷的增大，板格屈曲的程度和范围进一步加大，失稳部位由邻近舭部逐步向船底板中心处扩展。船底板的板格屈曲向船中扩展如图 3.8 所示。

图 3.8　船底板的板格屈曲向船中扩展

随着载荷的进一步增大，船底板格的屈曲和屈服发生，使整个结构丧失承载能力，在弯扭组合载荷作用下，形成 Z 形破坏(崩溃不在同一横剖面位置)。实验模型崩溃模态如图 3.9 所示。

图 3.9　实验模型崩溃模态

在模型崩溃实验过程中，弯矩/扭矩-变形关系曲线如图 3.10 所示，其中的最大值分别为纵弯极限强度和扭转极限强度。

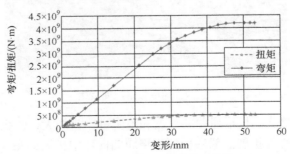

图 3.10　弯矩/扭矩-变形关系曲线

江海直达节能环保集装箱示范船实验模型设计根据畸变相似理论和弯扭非线性相似理论进行，这样模型实验过程中的崩溃特性与实船相同，模型的弯曲和扭转极限强度可通过相似换算至实船，为实船安全可靠下的船体结构设计提供技术支持。

设实船与模型的长度相似比为 C_L，厚度相似比为 C_t，则弯矩/扭矩相似比为

$$C_M = C_L^2 C_t \tag{3.12}$$

实船的极限弯矩和极限扭矩为

$$\begin{aligned} M_{\mathrm{UE}} &= C_M M_{\mathrm{UE}} = C_L{}^2 C_t M_{\mathrm{UE}} \\ T_{\mathrm{UR}} &= C_M T_{\mathrm{UE}} = C_L{}^2 C_t T_{\mathrm{UE}} \end{aligned} \tag{3.13}$$

式中，M_{UR} 为实船极限弯矩；M_{UE} 为模型极限弯矩；T_{UR} 为实船极限扭矩；T_{UE} 为模型极限扭矩。

3.2　江海直达船舶船体结构砰击强度

为满足航运市场船舶大型化需求，江海直达船舶往往设计为宽扁肥大型，高效运输往往要求其具有长大开口。这会进一步削弱船体结构刚度，在海段遭遇大风浪时，容易因砰击作用引起颤振，高频附加弯矩会增大船体结构失效的概率[20]。因此，研究宽扁型江海直达船舶砰击强度对保证船体结构安全可靠具有重要意义。

3.2.1　砰击载荷

对江海直达船舶进行砰击载荷计算时，通常假定其所处流场中的流体是理想流体，即流体是均匀的、不可压缩的、无旋无黏的。因此，可采用三维势流理论进行砰击载荷数值计算，也可采用模型实验、实船测试等方法对江海直达船舶砰击载荷进行研究。

通过楔形体入水实验、分段龙骨梁模型波浪砰击实验，以及基于三维势流理论的砰击载荷数值计算，可以得到如下江海直达船舶砰击载荷特性。

① 宽扁肥大型江海直达船舶的船底砰击压力和传统平板结构入水特性相似，随着入水速度的增加，砰击压力会增大。在纵倾角为 5°时，砰击压力峰值达最大。

② 宽扁肥大型江海直达船舶的船底在入水过程中会夹杂部分空气，在船底和水面之间形成气垫，并在入水过程中发生空化，造成船底结构砰击压力在入水角度为 5°时达到最大。

③ 随着入水角度增大，船底结构最大砰击压力又逐步减小，且其压力分布符合传统 Wagner 型砰击的压力分布特点。

④ 各入水角度时楔形体都是中心处砰击压力峰值最大，由中心向四周逐渐递减。

⑤ 结构刚度对砰击压力有一定的影响，结构弹性效应不能忽略，在相同结构形式和质量分布状况下，刚度小的结构具有较小的砰击压力峰值。

⑥ 砰击弯矩在结构响应中的作用不容忽略。考虑船体结构弹性变形的作用，砰击引起的颤振弯矩最大可占到合成弯矩的 20%~35%。

⑦ 船舶迎浪航行时，弯矩响应中有非常明显的高频成分存在，在遭遇频率接近船体梁一阶垂向振动固有湿频率的 1/3 时，高频弯矩成分甚至达到低频波浪弯矩的 10 倍以上。

⑧ 航速的增大对低频弯矩的影响不明显，但是对高频弯矩的影响却十分显著，尤其是在短波时，非线性波激振动的存在将使高频弯矩成分急剧增加。

⑨ 在斜浪中以相同航速航行时可以明显看到高频弯矩的降低。此时，波频弯矩是合成弯矩的主要成分，迎浪时弯矩峰值对应波长在斜浪时的弯矩值较小，因此船舶航行时可通过适当改变航向避开长波及高频弯矩的影响。

⑩ 在 120°的斜浪工况时，扭矩响应的幅值最大。最大幅值位于距首尾端 L/4 位置，此时的扭矩响应幅值为相同工况下垂向弯矩幅值的 40%左右，占迎浪工况下垂向弯矩幅值的 15%左右。

⑪ 在 120°浪向角时，扭矩成分主要以波频为主，高频成分影响较小。随着浪向角的增大，合成扭矩值有所降低，但是高频成分占比却逐步增大。

⑫ 在 150°浪向角时，随着航速的增加，高频成分增长十分明显。在某些遭遇频率下，高频扭矩甚至可以达到波频扭矩的 3 倍。

⑬ 当波长较短时，非线性波激谐振的作用使合成扭矩值陡增，合成扭矩的成分主要集中在前三阶的波激谐振中；当波长较长时，各阶谐振对合成扭矩均有贡献，且波频弯矩逐渐占据主导作用。

⑭ 在长波时，合成扭矩的响应幅值并不完全来自波频扭矩和波激谐振响应，还有鞭击振动的贡献，最大可以超过合成扭矩值的 30%。

3.2.2　砰击颤振强度数值计算

船体结构在波浪中的砰击强度涉及船舶在波浪中的运动、船首结构入水砰击作用力，以及船体结构的动响应等。江海直达船舶往往设计成宽扁肥大型，其砰击问题更为突出。

1) 船体运动

船舶在波浪中的运动示意图如图 3.11 所示。假定水域有限水深，无限广阔。水域边界条件包括周边的流场远方边界条件、流场底边界条件、自由表面(波面)条件和物面(船体表面)条件等。

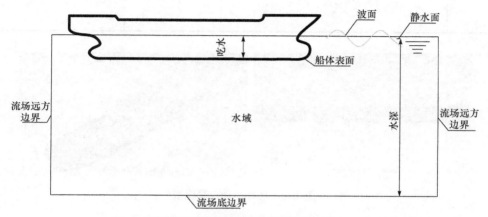

图 3.11　船舶在波浪中的运动示意图

在江海直达船舶在规则波中运动时，计算流体域的描述参数包括水深、密度、浪向角(取迎浪 180°)、波浪形式、波频、周期等。船舶的刚体运动除了与流体作用力有关外，还与本身的质量、惯量、重心位置，以及航速等有关。船体参数及计算工况示例如表 3.1 和表 3.2 所示。船体运动计算时，模型仅包括外壳，纵向网格大小为肋距，横向为纵骨间距或肋距，垂向网格大致相同。船体运动计算模型如图 3.12 所示。

表 3.1　船体参数示例

项目		数值
浮态参数	首吃水/m	2.909
	尾吃水/m	4.363
	重心距基线/m	3.460
	重心距尾垂线/m	63.835
惯性半径	K_{xx}/m	9.10
	K_{yy}/m	37.15
	K_{zz}/m	35.80

表 3.2　计算工况示例

编号	波浪参数(λ/L)	航速/(m/s)	浪向/(°)	备注
01	0.2, 0.35, 0.433, 0.6, 0.8, 0.9, 1.0, 1.1, 1.2, 1.5, 2.0 波高 h=2.5m	7.5	180	压载状态

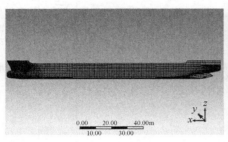 

图 3.12　船体运动计算模型

单位波幅下的升沉和纵摇运动的解可用余弦函数描述，即

$$z_G = \text{RAOs}_z \cdot \cos(\omega t + \varepsilon_z)$$
$$\theta_y = \text{RAOs}_\theta \cdot \cos(\omega t + \varepsilon_\theta) \tag{3.14}$$

式中，RAOs_z 和 RAOs_θ 为幅值响应算子，分别为单位波幅下的升沉幅和纵摇幅；ε_z 为升沉相关角；ε_θ 为纵摇相位角。

运动仿真计算获得的单位波幅下纵摇响应的结果如图 3.13 所示。单位波幅下升沉响应的结果如图 3.14 所示。

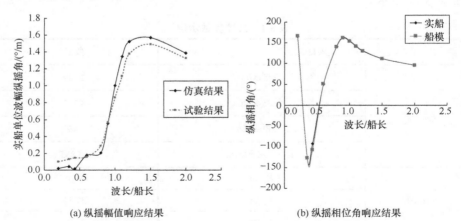

(a) 纵摇幅值响应结果　　　　　　　(b) 纵摇相位角响应结果

图 3.13　单位波幅下纵摇响应的结果

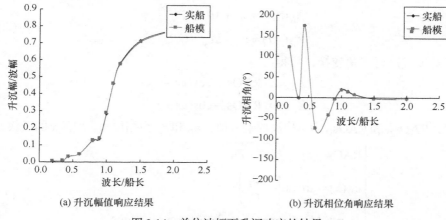

(a) 升沉幅值响应结果　　　　　　　　　　(b) 升沉相位角响应结果

图 3.14　单位波幅下升沉响应的结果

2) 船波相对运动

(1) 坐标系

为描述船波相对运动，需定义两个坐标系，即空间固定坐标系和随船移动坐标系。空间固定坐标系 $O\text{-}XYZ$ 的原点设在未扰动的水平面上，X 轴从船尾指向船首，Y 轴从右舷指向左舷，Z 轴垂直向上。随船移动坐标系 $o\text{-}xyz$ 的原点位于船舶重心处，x 轴指向船行进方向，y 轴右舷指向左舷，z 轴垂直向上。

两个坐标系之间有如下转换关系，即

$$X = X_0 + x + Ut, \quad Y = y, \quad Z = z \tag{3.15}$$

式中，X_0 为初始时重心在空间固定坐标中的坐标；U 为航速；t 为时间。

(2) 船波相对运动表达式

根据波浪理论，船体迎浪航行时令波浪朝 X 负方向传播，波面方程可写为

$$\zeta = a\cos(k_0 X + \omega_0 t) = a\cos(\omega t + \varepsilon_\zeta) \tag{3.16}$$

式中，a 为波幅；k_0 为波数；ω_0 为波浪圆频率；ε_ζ 为遭遇波相角，$\varepsilon_\zeta = k_0(x + X_0)$；$\omega$ 为遭遇频率，即

$$\omega = \omega_0 + k_0 U \tag{3.17}$$

根据三维线性势流理论，船舶在波浪中的运动达到稳态时，其纵摇 θ_y 和升沉 z_G 运动可表示为

$$\begin{aligned} z_G &= a \cdot \mathrm{RAOs}_z \cdot \cos(\omega t + \varepsilon_z) \\ \theta_y &= a \cdot \mathrm{RAOs}_\theta \cdot \cos(\omega t + \varepsilon_\theta) \end{aligned} \tag{3.18}$$

这些参数可由基于势流理论的水动力软件做频响分析得到。

在随船移动坐标系内，x 处剖面的船波相对位移和相对速度为

$$\begin{cases} Z_R(x,t) = z_G + x\theta_y - \zeta \\ \dot{Z}_R(x,t) = \dot{z}_G + x\dot{\theta}_y - U\theta_y - \dot{\zeta} \end{cases} \tag{3.19}$$

对该式进行三角变换，可得

$$\begin{cases} Z_R = a \cdot \mathrm{RAOs}_D \cdot \cos(\omega t + \varepsilon_D) \\ \dot{Z}_R = a \cdot \mathrm{RAOs}_V \cdot \cos(\omega t + \varepsilon_V) \end{cases} \tag{3.20}$$

式中，RAOs_D 和 RAOs_V 为单位波幅响应值；ε_D 和 ε_V 为相位角，均是 x 的函数，即

$$\begin{cases} \mathrm{RAOs}_D(x) = \sqrt{D_1^{\ 2} + D_2^{\ 2}} \\ \varepsilon_D(x) = \arctan\left(-\dfrac{D_2}{D_1}\right) \\ D_1 = \mathrm{RAOs}_z \cdot \cos\varepsilon_z + x \cdot \mathrm{RAOs}_\theta \cdot \cos\varepsilon_\theta - \cos\varepsilon_\zeta \\ D_2 = -(\mathrm{RAOs}_z \cdot \sin\varepsilon_z + x \cdot \mathrm{RAOs}_\theta \cdot \sin\varepsilon_\theta - \sin\varepsilon_\zeta) \end{cases} \tag{3.21}$$

$$\begin{cases} \mathrm{RAOs}_V(x) = \sqrt{V_1^{\ 2} + V_2^{\ 2}} \\ \varepsilon_V(x) = \arctan\left(-\dfrac{V_2}{V_1}\right) + \pi \\ V_1 = -\omega(\mathrm{RAOs}_z \cdot \sin\varepsilon_z + x \cdot \mathrm{RAOs}_\theta \cdot \sin\varepsilon_\theta - \sin\varepsilon_\zeta) - U \cdot \mathrm{RAOs}_\theta \cdot \cos\varepsilon_\theta \\ V_2 = -\omega(\mathrm{RAOs}_z \cdot \cos\varepsilon_z + x \cdot \mathrm{RAOs}_\theta \cdot \cos\varepsilon_\theta - \cos\varepsilon_\zeta) + U \cdot \mathrm{RAOs}_\theta \cdot \sin\varepsilon_\theta \end{cases} \tag{3.22}$$

(3) 船波相对运动计算

根据砰击发生的条件和试验结果，船舶纵平面内运动越剧烈，砰击发生的可能性越大且越剧烈，因此可用船体艏柱处静吃水面与波面的相对位移作为评价参照系。

船体纵向距重心距离 x 处剖面的静吃水 $d(x)$ 可以表示为

$$d(x) = d_a + \frac{d_f - d_a}{L_{PP}}(x + x_G) \tag{3.23}$$

式中，d_a 为尾吃水；d_f 为首吃水；L_{PP} 为垂线间长；x_G 为重心距尾垂线距离。

典型剖面船波相对运动如图 3.15 所示。当船波相对位移比静吃水还大时，会出现船首出水，而当船波相对位移减小至静吃水大小时，船首部的船底入水，此时砰击发生。

3) 船首入水砰击载荷

采用考虑航速的三维船首入水模型进行砰击载荷计算，对船首结构各剖面的压力分布特征和入水过程中液面变化特征展开研究。在船首入水的过程中，水介质受结构的冲击作用在接触面处向周边快速流动，形成周边水面升高。船首入水各典型时刻相对位置变化和液面变化过程如图 3.16 所示。

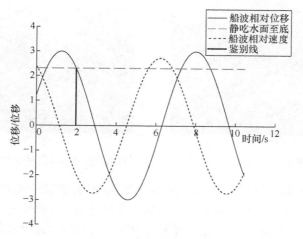

图 3.15　典型剖面船波相对运动

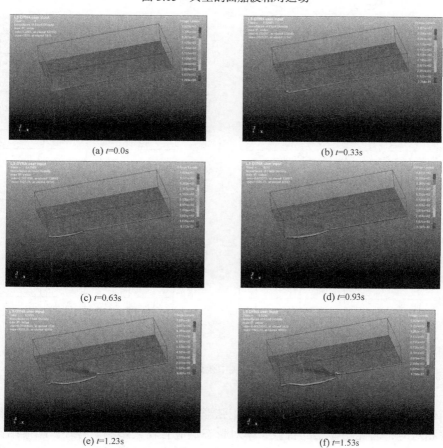

(a) t=0.0s　　　　　　　　　　　　　　　(b) t=0.33s

(c) t=0.63s　　　　　　　　　　　　　　　(d) t=0.93s

(e) t=1.23s　　　　　　　　　　　　　　　(f) t=1.53s

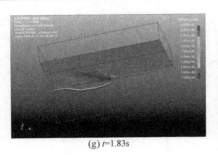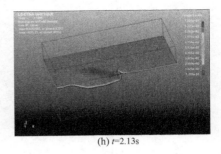

(g) *t*=1.83s　　　　　　　　　　　(h) *t*=2.13s

图 3.16　船首入水各典型时刻相对位置变化和液面变化过程

　　船首结构入水，结构与流体域的水介质发生作用，在耦合面产生相互作用力。典型剖面船底中线处砰击压力时程曲线如图 3.17 所示。各剖面的砰击压力表现出高度非线性，这主要是流体状态方程的非线性、入水瞬时速度和剖面形状的差异等联合作用导致的。

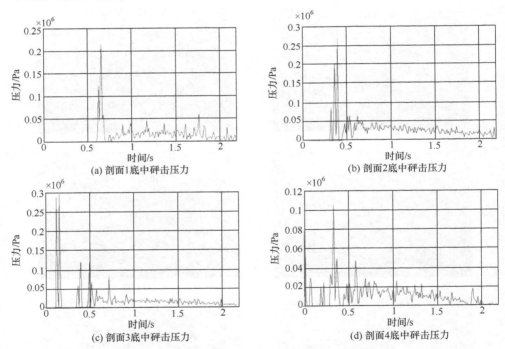

图 3.17　典型剖面船底中线处砰击压力时程曲线

4) 船体结构动态响应

　　砰击引起的船体瞬态响应是衰减正弦形式，并且振动频率和船体湿模态固有频率相对应，因此船体梁的自振频率对瞬态响应有较大影响。另外，船体结构的固有频率与重量分布、结构刚度等因素有关，因此在进行砰击响应计算时，准确模拟重量沿船长分布是保证计算精度的前提和基础。

　　将随时间变化的砰击载荷施加到船体结构模型上，对该江海直达船舶进行瞬态动力响应分析，可以得到船舯甲板处最大动应力响应。船舯甲板处最大动应力如图 3.18 所示。其最大压应力为 $9.18×10^6$Pa，据此可推算该工况下砰击瞬态载荷引起的船舯最大中垂附加弯矩为 $2.8×10^7$N·m。

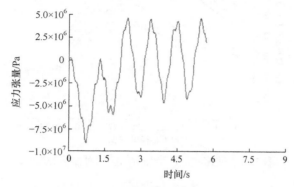

图 3.18　船舯甲板处最大动应力

3.2.3　砰击强度影响因素研究

　　由上节研究分析可知，江海直达船舶在纵平面内的船波相对运动越剧烈，砰击发生的可能性越大，砰击载荷也越大。单位波高下江海直达船舶在典型剖面的船波相对位移 $Z_R(x,t)$ 和相对速度 $\dot{Z}_R(x,t)$ 与航速、惯性半径、波浪频率、重心纵向位置、剖面位置等直接相关。对于江海直达船舶，砰击区剖面位置集中在船首 $0.1L$ 区域，靠船首处相对运动较大，取艏柱处剖面进行以下对比分析。本节选取典型的船舶浮态，此时重心纵向位置也已确定，将采用同参数扫频方式对航速和惯性半径对砰击强度影响展开研究。

　　江海直达船舶的航速和惯性半径有一定的变动范围，一般而言，航速在 9～13kn(1kn=1.852km/h)间、惯性半径与船长比在 0.165～0.33 之间。对艏柱剖面处单位波幅时船波相对运动进行系列计算，航速和惯性半径对船波相对位移的影响如图 3.19 所示。

　　(1) 惯性半径

　　惯性半径对艏柱处的船波相对运动幅值影响较大，最大可达 25%。在惯性半径较小时，艏柱处船波相对位移幅基本呈现递增关系，在惯性半径较大时船波相对位移幅骤降。惯性半径与船长比在 0.26 左右时，对应不同航速会有一个船波相对位移幅峰值，并且随着航速变高，船波相对位移峰值对应惯性半径有变小趋势；惯性半径与船长比大于 0.3 时，船波相对位移幅会很快变小，可有效改善或避免船首砰击。因此，在江海直达船舶设计时要注意设计合理的惯性半径。

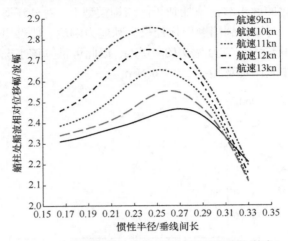

图 3.19　航速和惯性半径对船波相对位移的影响

(2) 航速

一般而言，随着航速的增加，船首砰击变得严重。船波相对位移幅峰值与航速的关系如图 3.20 所示。二者基本呈线性变化(图中虚线为线性拟合结果)，表明航速越高，船波相对位移幅值越大。

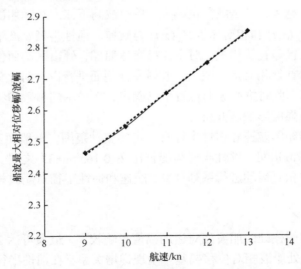

图 3.20　船波相对位移幅峰值与航速的关系

对于江海直达船舶，单位波幅引起的最大船波相对运动幅可由下式计算，即

$$\text{RAOs}_{rD} = 0.0973V + 1.5842 \tag{3.24}$$

式中，V 为航速(kn)。

由上述公式结合航海时的浪高和船舶静吃水即可大致判断船首部的船底结构是否出水，进而根据实际海况选取合适的航行速度。

3.3　江海直达船舶船体结构疲劳强度

江海直达船舶既航行于江段，又航行于海段，在江段遭受的外载荷较小，在海段遭受的外载荷较大。这种变幅载荷作用下的疲劳强度特性和疲劳评估方法与常规恒幅载荷作用船舶的疲劳强度特性和疲劳评估方法有很大的不同，需要特别关注[21]。

3.3.1　变幅载荷作用下疲劳特性

1) 恒幅与变幅载荷作用下疲劳寿命对比

为对比纵骨穿舱节点在不同载荷作用下的疲劳性能，首先应明确节点疲劳失效准则。根据相关学者的研究成果，当疲劳裂纹长度扩展至焊趾处面板板厚时，可认为结构发生疲劳破坏。然而，从系列试验可以看到，当热点处的疲劳裂纹扩展到面板板厚时，纵骨穿舱节点整体并没有发生失效。此时的载荷循环次数远小于节点完全破坏时的疲劳寿命，即纵骨穿舱节点未达到疲劳失效状态[22]。采用此种标准评估该型节点疲劳强度存在不合理性。研究表明，可将裂纹穿透型材面板作为节点疲劳失效标准。不同标准下纵骨穿舱节点疲劳寿命比较如表 3.3 所示。

表 3.3　不同标准下纵骨穿舱节点疲劳寿命比较

试件编号	疲劳寿命		
	面板厚度(10mm)/次	穿透面板(40mm)/次	完全断裂(轴向位移 15mm)/次
1	51860	370388	378623
2	155508	370987	381597
3	60671	268318	277397
4	–	–	>10000000
5	94227	300053	309099
6	79539	291509	301454
7	201806	390000	396102
8	71644	384514	398118

在进行系列实验时发现，在疲劳裂纹穿透 T 型材面板(疲劳裂纹长度约 40mm)后，裂纹扩展迅速加快，已达到撕裂扩展区。恒幅和变幅载荷作用纵骨穿舱节点

疲劳寿命比较如图 3.21 所示，其中节点疲劳寿命为各试件疲劳寿命的平均值。

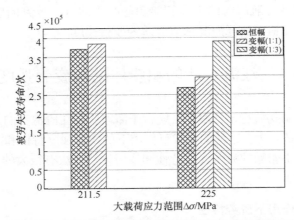

图 3.21　恒幅和变幅载荷作用纵骨穿舱节点疲劳寿命比较

由图 3.21 可知，在考虑江段较小载荷作用后，纵骨穿舱节点的疲劳寿命有所提高。当大载荷应力范围为 211.5MPa，历程比为 1：1 时，相比恒幅载荷作用的疲劳寿命提高 3.7%。当大载荷为 225.0MPa，历程比为 1：1 时，疲劳寿命提高 10.2%，历程比为 3：1 时，疲劳寿命提高 45.3%。由此可见，在江段较长、海段较短时，考虑江段载荷较小，采用变幅载荷进行疲劳寿命评估，纵骨穿舱节点的疲劳寿命可显著提高。

2) 纵骨穿舱节点疲劳累积损伤

纵骨穿舱节点疲劳累积损伤评估参考切口试件的疲劳累积损伤评估方法，恒幅及变幅载荷作用下的疲劳破坏寿命采用表 3.3 中试件 4 的载荷循环次数。采用经典 Miner 法则和修正 Miner 法则分别进行计算，可以得到江海直达船舶纵骨穿舱节点在两级交变载荷下疲劳累积损伤值。纵骨穿舱节点疲劳累积损伤计算结果如表 3.4 所示。其中 $\sum n_H$ 和 $\sum n_L$ 为大载荷和小载荷总循环次数。

表 3.4　纵骨穿舱节点疲劳累积损伤计算结果

变幅试件编号	疲劳破坏寿命 N/次		疲劳累积损伤 D		小载荷损伤占比 /%
	$\sum n_H$	$\sum n_L$	经典 Miner 法则	修正 Miner 法则	
5	300053	320000	1.118	1.150	2.78
6	291509	300000	1.086	1.116	2.69
7	390000	1170000	1.453	1.570	7.45
8	384514	400000	1.037	1.077	3.71

　　从计算结果可以看出，即使对小载荷的恒幅疲劳寿命以 10^7 进行保守分析，其造成的累积损伤也只占总损伤的 2.78%～7.45%。若采用 S-N 曲线修正方法考虑小载荷的损伤效应，其影响会更小。由此可见，在进行江海直达船舶疲劳强度评估时，应主要以海段为评估依据，江段对累积损伤的贡献较小。不管是否考虑江段小载荷的累积损伤，其损伤度 D 均大于 1。若直接采用线性累积损伤评估，即 $D=1$ 时，结构发生疲劳失效是偏于保守的，需要结合试验数据对规范中的 S-N 曲线进行修正。

　　随着历程比(江段占比)的增加，载荷交互作用产生的强化效应更加明显；在历程比不变的强化效应区内，随着大载荷应力(海段载荷引起的应力)增加，载荷交互作用造成的强化效应更加明显。这说明，大载荷应力值的增加会提高载荷交互效应产生的强化效果。

　　3) 断口形貌

　　断口是结构在服役过程中发生失效断裂继而呈现的表面形貌。断口学是根据断口的表面形态及特征探究其断裂的类型、路径、方式、过程、原因、性质及机理的一门科学。疲劳断口是结构在循环载荷连续作用发生失效破坏后呈现的匹配表面。分析疲劳断口形貌可知结构件的疲劳破坏原因、疲劳破坏过程等，可以得到疲劳失效机理。

　　恒幅疲劳断口微观形貌(试件 3)如图 3.22 所示。变幅疲劳断口微观形貌(试件 5)如图 3.23 所示。在恒幅载荷作用下，疲劳断口表面存在一系列几近平行的弯曲波浪形条纹，其切线方向与裂纹扩展方向垂直，这是疲劳裂纹的典型特征。从理论上讲，每条裂纹代表一个载荷循环，裂纹条数与载荷循环作用的数量一致。

　　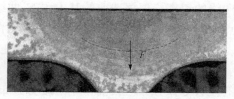

图 3.22　恒幅疲劳断口微观形貌(试件 3)　　　图 3.23　变幅疲劳断口微观形貌(试件 5)

　　变幅载荷作用下断口疲劳裂纹相对稀疏且多海滩波纹状的疲劳条带，因为小载荷作用并不能使裂纹尖端继续扩展，所以裂纹相对稀疏。大载荷和小载荷交替作用，载荷的波动次数较多，疲劳条带也多而复杂。

3.3.2　江海直达船舶适用 S-N 曲线

　　船体典型节点疲劳强度评估 S-N 曲线的选取主要考虑以下因素[23]。

　　① 母材材料属性，如材料的屈服及断裂强度、材料表面刚度等。不同组织

针对不同母材推荐相应的 S-N 曲线。

② 外部环境条件，包括空气、腐蚀环境、是否进行阳极保护等。船级社一般会在空气中 S-N 曲线的基础上给出一定的影响因子，修正得到腐蚀环境下的曲线，或者直接使用基本 S-N 曲线进行评估。

③ 应力参量的选择。应力参量主要有名义应力方法、热点应力法、切口应力法等。

④ 节点结构形式。例如，自由边、围壁加强的开口边缘及焊接节点等。

严格意义上讲，上述各影响因素对应的 S-N 曲线都应通过相应的疲劳试验来确定。当然这需要大量的疲劳试验，其经济成本和时间成本过大，而且同种材料屈服强度的差异对疲劳性能的影响并不显著。因此，对于前两种影响因素，一般采用少量验证性试验的方法检验 S-N 曲线是否需要进行相应的修正。

1) 变幅载荷作用下节点 S-N 曲线

根据纵骨穿舱节点疲劳试验结果可知，在小大载荷交替循环的作用下，不同幅值大载荷工况疲劳寿命均有不同程度的提高。在恒幅试验得到基本 S-N 曲线的基础上，结合变幅载荷疲劳试验结果并考虑一定的可靠度，可计算得到中值 S-N 曲线，以及 P-S-N 曲线。与规范 S-N 曲线进行比较，可以得到适合江海直达船舶纵骨穿舱节点疲劳的 S-N 曲线。

结合各国船级社规范，以及国际焊接协会疲劳规范中关于 S-N 曲线的规定可以发现，第一段曲线负斜率的取值 m 都建议为 3。理论上来说，S-N 曲线斜率的确定应以一系列不同幅值载荷下结构疲劳试验为依据，但其经济成本和时间成本太大。鉴于实际节点疲劳试验相对较少，不能基于试验结果的统计规律得到 S-N 曲线的斜率。根据选取的基本 S-N 曲线，采用定斜率方法($m=3$)结合纵骨穿舱节点变幅试验数据拟合可以得到适用的评估曲线。

(1) 定斜率下极大似然法拟合中值 S-N 曲线

为便于对疲劳寿命进行统计分析，工程上常用概率密度函数描述给定应力下的疲劳寿命分布。目前常用的疲劳分布模型主要有 Weibull 分布模型，以及对数正态分布模型[24-27]。对实际试验结果分析发现，对数正态分布模型更适合疲劳寿命的分布描述。此时可用极大似然法来拟合求取中值 S-N 曲线。

假设节点试验对数疲劳寿命的均值为

$$\mu_{\lg N} = \lg A - m \lg S \tag{3.25}$$

式中，A 为 S-N 曲线公式中的材料参数；m 为 S-N 曲线斜率；N 为载荷循环次数；S 为应力幅值；μ 为标准正态偏量。

若任意一个数据点 $\lg N_i$ 均服从正态分布，各个数据点相互独立，则其联合概率密度函数(似然函数)为

$$L = \prod_{i=1}^{n} \frac{1}{\sqrt{2\pi}\sigma_{\lg N}} \exp\left[-\frac{1}{2\sigma_{\lg N}} (\lg N_i - \lg A + m \lg S_i)^2 \right]$$
$$= \left(\frac{1}{\sqrt{2\pi}\sigma_{\lg N}} \right)^n \exp\left[-\frac{1}{2\sigma_{\lg N}} \sum_{i=1}^{n} (\lg N_i - \lg A + m \lg S_i)^2 \right] \tag{3.26}$$

式中，N_i 为第 i 个试件疲劳寿命；S_i 为第 i 个试件应力幅值；$\sigma_{\lg N}$ 为正态分布标准差；n 为试件个数。

根据极大似然法原理，参数 $\lg A$ 和 m 的取值应使 L 值最大，即指数平方和部分最小。前面根据规范中的建议值定义其斜率 $m=3$，这里只需对 $\lg A$ 求偏导并令其等于零，即

$$\frac{\partial Q}{\partial (\lg A)} = -\sum_{i=1}^{n} (\lg N_i - \lg A + m \lg S_i) = 0 \tag{3.27}$$

式中，斜率 m 为确定值。

$$\lg A = \frac{1}{n} \lg N_i - \frac{m}{n} \sum_{i=1}^{n} \lg S_i \tag{3.28}$$

代入两级交变载荷下纵骨穿舱节点疲劳试验数据，计算出的中值 S-N 曲线为

$$\lg N = 12.566 - 3\lg S \tag{3.29}$$

(2) 定斜率下极大似然法拟合 P-S-N 曲线

由于疲劳数据分散性较大，试件的疲劳寿命和应力水平并不是简单的单值对应，而是与存活率(可靠度)密切相关。上节计算得到的中值 S-N 曲线的存活率为 50%，即在此曲线下计算得到的试件疲劳寿命有 50%是低于疲劳试验值的。这显然是不安全的。各船级社或组织在给出疲劳强度评估的 S-N 曲线时，一般会明确其对应的存活率[28,29]。不同规范给出的 S-N 曲线存活率如表 3.5 所示。表中，CCS 表示中国船级社，DNV-GL 表示挪威船级社，HCSR 表示协调共同结构规范，IIW 表示国际焊接学会，GJB 表示国军标。

表 3.5　不同规范给出的 S-N 曲线存活率

规范	CCS	DNV-GL	HCSR	IIW	GJB
存活率/%	97.6	97.7	97.7	95	97.5

一般来说，存活率越高，疲劳评估时出现错误的概率越低。因此，研究选取 HCSR 建议的存活率(97.7%)求取 P-S-N 曲线。

采用定斜率下的极大似然法拟合得到的 P-S-N 曲线表达式为

$$\lg N = \lg A_p - m \lg s \tag{3.30}$$

式中，m 与中值 S-N 曲线一致；$\lg A_p$ 为存活率 p 对应的 $\lg A$。

对于一定的应力范围，当中值 S-N 曲线和 P-S-N 曲线的斜率一致时，有

$$\lg A_P = \overline{\lg A} + \mu_P \sigma_{\lg A} = \frac{1}{n}\sum_{i=1}^{n}\lg N_i + \frac{m}{n}\sum_{i=1}^{n}\lg S_i + \mu_P \sigma_{\lg A} \tag{3.31}$$

其中，$\overline{\lg A}$ 为中值 S-N 曲线得到的 $\lg A$ 值。

在船舶与海洋工程结构设计中，一般结构部件在存活率为 97.7%时对应的标准正态偏量 $\mu_P = -2.0$。对于试件 i，采用定斜率方法可以求得对应的 $\lg A_i$，从而计算得到 $\lg A$ 的标准差 $\sigma_{\lg A} = 0.049$。

由此可得 P-S-N 曲线，即

$$\lg N = \overline{\lg A} + \mu_P \sigma_{\lg A} - m\lg S \tag{3.32}$$

根据变幅载荷下纵骨穿舱节点疲劳试验数据，存活率为 97.7%的 P-S-N 曲线为

$$\lg N = 12.468 - 3\lg S \tag{3.33}$$

2) 江海直达船舶典型节点 S-N 曲线相关参数

将疲劳试验结果、基本 S-N 曲线(记为 FAT100)、中值 S-N 曲线和 P-S-N 曲线进行比较，江海直达船舶纵骨穿舱节点 S-N 曲线选取如图 3.24 所示。

从图中可以看出，节点变幅疲劳试验的结果分布在中值 S-N 曲线的两侧，具有一定的离散性；不管是中值 S-N 曲线，还是 P-S-N 曲线均位于 FAT100 曲线上方。这说明，对于江海直达船舶纵骨穿舱节点疲劳强度评估，即便是采用 IIW 给出的 S-N 曲线进行评估，其结果仍然偏于保守。综合考虑经济性和安全性，采用基于试验结果存活率为 97.7%的 P-S-N 曲线评估江海直达船舶节点疲劳强度较为合理。

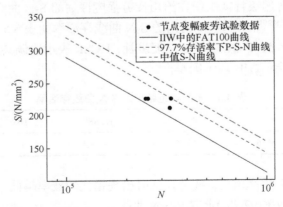

图 3.24　江海直达船舶纵骨穿舱节点 S-N 曲线选取

虽然小载荷造成的损伤很小，但是若直接采用无限寿命，忽略其损伤也是不

合理的。因此，参照 HCSR 的规定，S-N 曲线第二段的负斜率仍取 5。江海直达船舶焊接节点疲劳强度评估 S-N 曲线如表 3.6 所示。

表 3.6　江海直达船舶焊接节点疲劳强度评估 S-N 曲线

参数	K	m	m'	S_q/MPa
值	2.936×10^{12}	3.0	5.0	66.476

3.3.3　江海直达船舶典型节点疲劳强度评估

江海直达船舶典型节点疲劳损伤包括海段载荷下疲劳损伤、江段载荷下疲劳损伤，以及江海段载荷交互作用造成的强化效应影响，其中海段载荷造成的损伤占主导地位。为更准确地评估江海直达船舶典型节点的疲劳强度，引入航段历程分配系数分别计算江段和海段航线载荷造成的疲劳损伤，同时考虑江海段交互作用的影响来计算江海直达船舶的疲劳损伤度。

1) 疲劳累积损伤计算

由切口试件试验和纵骨穿舱节点疲劳试验可知，载荷间交互作用的影响主要与变幅载荷的历程比有关，应力的改变对其影响很小[30]。因此，首先要明确江海直达船舶在单航程中承受的江段载荷和海段载荷的循环次数。其具体计算流程如下：首先确定江海直达船舶营运航线，计算航线内江段航程和海段航程的实际距离；然后分别查找江段和海段航区的波浪散布图，计算各自航段的波浪平均跨零周期；最后得到江海直达船舶遭受的江段波浪载荷循环次数 n_r 和海段波浪载荷循环次数 n_s。

对比由切口试件和纵骨穿舱试验分析得到的载荷交互作用累积损伤值 D_{nl} 可知，在载荷交互作用的强化效应区，切口试件和纵骨穿舱节点 D_{nl} 的变化规律是相似的，而变应力幅值两级交变载荷疲劳试验进一步证明了两者之间的相似性。因此，考虑载荷交互作用损伤效应最大时的工况，引入江段-海段载荷交互作用因子 θ_{rs} 评估不同航线下江海直达船舶典型节点的疲劳强度。其计算公式如下

$$\theta_{rs} = \frac{1}{1 - D_{nl}} \tag{3.34}$$

式中，D_{nl} 为最危险载荷交互作用累积损伤度。

计算累积损伤度时，不同航段(江段或海段)装载工况对应的累积损伤度计算参数略有不同。对于航段 i 下装载工况 k，有

$$D_{ik} = \delta_i \frac{N_D \alpha_k}{K} \frac{S_{D(ik)}{}^m}{(\ln N_L)^{m/\xi}} \mu_k \Gamma \left(1 + \frac{m}{\xi_k} \right) \theta_{rs} \tag{3.35}$$

式中，δ_i 为航段历程分配系数，是江海直达船舶服役期遭遇的总循环次数；N_D

为江海直达船舶服役期遭遇的总循环次数；α_k 为装载工况 k 对应的时间分配系数；K 为 S-N 曲线参数；$S_{D(ik)}$ 为航段 i 下对应装载工况 k 计算的设计应力范围；N_L 为超越概率为 10^{-2} 时相对的载荷谱回复周期循环次数，这里取 10^2；θ_{rs} 为载荷交互作用因子；m 为 S-N 曲线负斜率；ξ 为 Weibull 形状参数，取 1.0；Γ 为完全 GAMMA 函数值，$\Gamma(x) = \int_0^{\infty} u^{x-1} \mathrm{e}^{-u} \mathrm{d}u$；$\mu_k$ 为考虑 S-N 曲线负斜率变化的修正系数，跟服役环境有关，在腐蚀环境下，$\mu_k = 1$，在空气环境中，有

$$\mu_k = 1 - \frac{\left\{\gamma\left(1+\frac{m}{\xi}, v_k\right) - v_k^{\frac{\Delta m}{\xi}}\gamma\left(1+\frac{m+\Delta m}{\xi_k}, v_k\right)\right\}}{\Gamma\left(1+\frac{m}{\xi_k}\right)}$$

其中，$v_k = \left(\dfrac{S_q}{S_{D(ik)}}\right)\ln N_L$，$\gamma$ 为不完全 GAMMA 函数，$\gamma(x, v) = \int_0^{v} u^{x-1}\mathrm{e}^{-u}\mathrm{d}u$，$\Delta m$ 为两段式 S-N 曲线负斜率差，这里取 2，S_q 为两段式 S-N 曲线折角处应力范围。

　　通过引入航段历程分配系数和载荷交互作用因子，可以计算江海直达船舶典型节点在不同航段和装载工况时的累积损伤度。以上方法既可以避免单纯考虑海段载荷累积损伤导致设计偏于保守而经济性差的弊端，又可以消除分开考虑江段和海段累积损伤而安全性无法保证的不足。此外，江海直达船舶属于新型船舶，国内尚无其服役寿命及循环次数的统计规律。这里参照 HCSR 规范进行一定的完善，包括 N_D 和 μ_k 的计算、S-N 曲线反斜率差 Δm 的表达等。

　　2) 疲劳损伤评估衡准及寿命计算

　　江海直达船舶节点总累积损伤度计算如下，即

$$D = \sum\sum D_{ik} \tag{3.36}$$

江海直达船舶节点总的疲劳累积损伤应满足以下要求，即

$$D \leqslant 1 \tag{3.37}$$

江海直达船舶节点疲劳寿命按下式进行计算，即

$$T_F = \frac{25}{D} \tag{3.38}$$

3.4　本章小结

　　船体结构安全可靠是理性、合理、轻量化结构设计的前提和基础。本章结合

宽扁型江海直达船舶结构特点和受载特性，对江海直达船舶极限强度、砰击强度和疲劳强度进行介绍，为安全可靠的宽扁型江海直达船舶船体结构设计提供技术保障和可靠支持。

第 4 章　江海直达船舶轻量化设计

随着船舶工业技术的发展、计算理论及计算手段的提升，船舶设计的理论和方法也在不断地更新发展。当前船体结构设计的重点在于减重增载，即在保证结构安全可靠的前提下，通过结构轻量化、材料轻量化、工艺轻量化实现船舶轻量化，有效减轻空船重量，增大载重量。

4.1　船舶轻量化设计

4.1.1　船舶轻量化设计背景

随着全球经济的快速发展，船舶工业已经进入大型化、标准化、绿色化、智能化的新时代，要求新造船舶有较高的运输效率和较少的排放量。国际海事组织的海上环境保护委员会(Marine Environment Protection Committee，MEPC)开展了大量研究，提出新船能效设计指数(energy efficient design index for new ships，EEDI)，作为衡量船舶能效水平的标准。该标准已于 2015 年开始实施，要求所有 400 总吨以上的新造船舶，必须达到新的 EEDI 标准；2020 年前将能效设计指数降低 10%；2020~2024 年再降低 10%；2024 年后要达到减排 30%的目标。

在当前国际形势下，造船业都在通过各种办法努力实现新造船舶的低排放、低污染和高效运输，在确保安全的前提下通过减少船舶自重、实现轻量化来提高船舶能效及运输效率已经成为国际海事界共识。研究应用船舶轻量化技术，具有积极的意义。

① 有效降低原材料的使用，节约资源，降低制造成本。

② 日常营运过程中可有效降低燃油消耗，节能减排。

③ 有效提高每航次载货量，增强盈利能力，在航运市场中占据竞争优势。

④ 有效提高船舶运动性能和舒适性。船舶轻量化有利于改善航行、转向、加速、制动等运动性能，进而改善它的操纵性，同时还可为降低振动、噪声创造条件，从而提高船舶舒适性。

4.1.2　船舶轻量化定义及规则

船舶轻量化是跨学科的工程科学，由材料力学、材料学、计算技术、制造技术等领域的基础知识构成。船舶轻量化的目标是在给定的条件下，实现结构自重的最小化，同时满足一定的寿命和安全可靠性要求。为实现这个目标，需要选择适当的结构形式、构件尺寸、轻质材料、连接技术，以及可实现的制造工艺等。除此以外，还要考虑成本。

船舶轻量化设计要遵循如下规则。

规则一：尽可能直接地进行力导入与力平衡。

设计中应使受力直接作用在主承载结构上，力无绕行，力尽可能大面积导入，尽可能直接支承，不对称的设计尽量改为对称的设计，开口的型材尽量设计成闭口形式。

规则二：尽量大的惯性矩和模数。

在承受弯曲、扭转和压弯载荷的设计中，应在尽可能小的截面积上实现大的惯性矩与模数，也就是说剖面形状因子要达到最大。建议将较多的材料从结构中心移开，即从实心横截面到空心横截面，再到三明治结构的设计。

规则三：轻盈的结构。

通过松散的构造，加固小横截面面积的平面支承结构，使用带有加强筋、三明治结构的刚度要比实心支承结构的刚度高很多。

规则四：利用曲率的自然支承作用。

通过顶部弯曲设计可极大地提高直板的抗弯刚度、压弯刚度和翘曲刚度。

规则五：在主承载方向进行针对性加强设计。

有目的地引入正交各向异性或者各向异性设计可提高构件在确定优先方向上的刚度。例如，引入压槽强化可能使构件发生弯曲损坏。

规则六：优先遵循一体化原则。

轻量化结构应由尽量少的单一件构成。采用这种方法可节省更多的材料，获取更高的安全性能或减少构件数量。

规则七：引入减轻孔。

为了在强度、刚度不变的条件下减轻重量，可以在承受很小载荷的区域引入减轻孔。

规则八：充分挖掘设计的潜力。

只有在确保安全的前提下，才可以考虑轻量化，但安全裕度不能盲目过大。合理安全裕度的前提条件如下。

① 对作用于结构的力的准确了解(大小、方向、位置)。

② 采用规格及性能可以得到确实保障的材料。

③ 应用准确的计算分析方法。

④ 优化的几何形状及尺寸。

⑤ 确保对设计细节有针对性地先期试验。

⑥ 在承受动载荷的轻量化设计中，除了以上规则，还必须达到预定的使用寿命。

4.1.3　船舶轻量化设计现状分析

过去几年，在与日韩船企竞争高附加值船舶订单时，中国船企在不具备技术优势的情况下，低成本是赢得市场竞争的重要手段。2017 年以来，在韩国船企低价接单的背景下，低成本不仅没有成为中国船企的优势，反而成为劣势。特别是，空船重量已经成为中国船企成本竞争力低的重要因素。

目前中国船企与日韩船企空船重量差距普遍在 5%～10%之间，除部分散货船型外，这个差距在近十年没有得到有效改善。2017 年，大宇造船海洋交付的超大型油船(very large crude carrier，VLCC)空船重量约为 42600 吨，中国某船企约为 46100 吨，相差 3500 吨(约 8%)；现代尾浦 MR 型成品油船约为 10400 吨，中国某船企约为 11500 吨，相差 1100 吨(约 11%)。钢板价格按 5000 元/吨计算，单船仅钢材成本分别相差 1750 万元和 550 万元。2017 年，中国船企交付的船舶用钢量超过 1000 万吨，若空船重量整体下降 5%，可节省材料和加工成本约 50 亿元，而 2017 年中国造船企业营业利润总和也远低于 50 亿元。

持续推进船舶轻量化设计工作是日韩船企空船重量低的主要原因。例如，大宇造船海洋空船重量优势明显的主要原因是该公司一直在推进船体结构优化(标准化和轻量化)。这已经是其设计人员日常工作的一部分。2004 年，大宇造船海洋提出对超大型油船进行结构重量下降 10%、结构件个数减少 20%的目标，期间平均每两年该公司会对不同船型提出一次整体优化要求，每年还会有多次局部优化要求。2016 年末，大宇造船海洋对超大型油船再次进行结构优化，空船重量进一步减少 2%。该船型成为大宇造船海洋近年来接单的标准船型。

降低空船重量的关键在于基本设计。以油船为例，通常船体结构重量约占空船重量的 70%～80%(超大型油船可达 90%)，船体结构轻量化 80%以上在基本设计阶段决定(其中总布置、机舱布置等决定 50%以上，船体基本设计阶段决定 30%以上)，详细设计阶段优化空间不足 10%，生产设计阶段几乎没有优化空间。因此，如果在基本设计阶段没有考虑结构轻量化，无论详细设计阶段如何努力，整个船体结构重量的下降空间也不过 1%。据韩国主导过多型船体结构轻量化的设计人员分析，在保证相同强度的情况下，中国船企船体结构部分有 10%～20%的优化空间，基于原有设计图纸，每一型船的结构优化通常需要耗时 3～4 个月。

船体结构轻量化设计可为船企带来诸多直接经济效益。一是，节省钢材和加工成本，缩短建造周期。二是，节省相关结构品质检测费用。三是，可提高标准化程度和钢材利用率。四是，可提升单位生产效率，实现整体性增效。五是，提高船厂的设计能力与送审应对能力。

　　中国造船业船体结构重量下降难的主要原因为何？保证结构强度降低空船重量并非卡脖子技术，只要明确优化目标，设计人员经验丰富，优化工作并非难事。多年来未能解决，主要有以下四方面原因。

　　① 现有"厂院分离"的格局。中国造船业有很多建造能力强大的船厂，也有不少设计能力强大的院所，一般基本设计和详细设计由设计院所负责，船厂的设计部门只做生产设计，彼此独立经营、独立核算，在减轻船体结构重量上的目标并不完全一致。

　　② 船企人才分散。院所对船厂形成单向的人才虹吸效应，再加上船企众多，人才争夺白热化，船企有设计能力和优化经验的人才团队匮乏。

　　③ 各设计环节余量过多。母型资料的积累、船舶损伤数据库、营运实践反馈、针对性计算分析等环节不足，为结构安全起见，基本设计和详细设计时余量较大。

　　④ 现有船舶工业体系。当前船用钢市场上，10mm 以上船用钢板 0.5mm 规格板很难买到，基本设计时本来 10.5mm 板厚能满足要求时也不得不使用 11mm 钢板，无谓增加约 5%的重量。

　　在当前形势下，靠单个设计院所或船企短期内很难取得空船重量的大幅降低，可由相关组织协调各单位联合攻关研发系列标准船型，公布设计思想、计算分析过程，并在船舶投入营运后，定期访船，建立船舶运行状况数据库，持续推进船舶轻量化设计，切实做到安全可靠下的理性、合理、轻量化结构设计。

　　中国造船业要实现产业升级，不能像韩国造船业那样拿国家补贴去亏本接单、恶性竞争。提升市场竞争力，最可靠、最有发展前景的手段还是继续深化供给侧改革、提高行业整合度、提升包括基本设计阶段减重优化能力在内的技术实力。

4.2　江海直达船舶船体结构轻量化技术

　　特定航线宽扁型江海直达船舶为获得轻量化船体结构，可从设计理念、设计方法，以及计算分析等方面着手展开研究。

4.2.1　船体结构应力均匀化设计技术

　　船体结构为细长的空间薄壁结构，称为船体梁，受到重力(包括空船和货物)、浮力和波浪载荷的作用。它们的合力为作用于船体梁的载荷曲线。载荷曲线的一次积分为剪力，二次积分为弯矩。船体梁可视为两端自由支持，通过合理的总布置设计，可使重力与浮力和波浪载荷大致相当，合成的载荷不大，进而使剪力和弯矩在一定范围内，所要求的结构尺寸、剖面模数及惯性矩等有效控制在一定范围内，从而实现船体结构轻量化。

　　船体结构可视为变截面梁，最理想的结构设计状态是梁的各剖面同时达到极限状态，剖面各构件的应力水平相当。然而，实际的船体结构设计一般是基于现有规范进行的，依据大量的工程实践，规范从局部强度角度规定了不同作用构件的最小尺寸。在满足规范尺寸的前提下，探寻合理可行的船体结构设计方案，使船体梁结构尺寸从中间向两头逐渐减小，剖面内各构件尺寸合理过渡，应力梯度不大。对于局部疲劳热点区域或应力集中区域，采用新的结构形式或有效的过渡方式，可以有效消减局部应力峰值。通过等强度梁设计理念和局部消除应力峰值措施，可以达到船体结构应力均匀化的目标。

　　在进行构件初步布置时，贯彻等强度梁概念，即在遭受弯矩较大的中部区域，结构配置和设计得加强，并由中间向两端逐渐减弱；在舱口角隅、构件不连续部位和趾端等疲劳热点区域可能产生应力集中部位，采取合适的结构形式和连接过渡方式，可以减小局部应力峰值。随后，根据确定的结构布置，根据规范条文规定计算构件尺寸，建立三维参数化全船有限元模型，确定计算工况，将各工况设计载荷施加到结构有限元计算模型上，进行结构响应分析，可得到各工况下各构件的应力状况。通过调整结构布置参数或构件尺寸参数，探寻结构应力均匀化的设计方案；对于局部应力较大部位，可采取新的结构形式或局部加强等措施减小应力梯度，获得应力均匀化的设计方案。

　　结构应力均匀化设计技术的实质是实现载荷传递路径合理，构件尺寸合适。在给定的设计空间找出最佳的传力路径，并优化结构的最佳尺寸，使各构件能够以最佳的材料分布去承受各种载荷。

4.2.2　耐冲击结构的塑性设计方法

　　传统的船体结构设计是弹性设计，受载时结构发生变形，载荷消去后又恢复到原来的形状，此时是不允许结构屈曲发生的，更不用提屈服了。随着技术的发展，船体结构弹性设计没能很好地发挥材料性能，以结构塑性极限载荷为强度指标的塑性设计方法的应用越来越广泛。冲击载荷具有在极短的时间内有很大变化幅度急骤变化的特点，在瞬时冲击载荷作用下，即使结构内部出现部分塑性区域，载荷作用引起结构较大的残余塑性应变，结构仍具有一定的承载能力。

　　江海直达船舶在实际营运过程中，船首、船尾结构在恶劣海况下，遭受冲击载荷作用的可能性较大，载荷具有瞬态大幅值的特性，即使结构遭受的冲击载荷超出弹性范围，产生一定的塑性应变，只要结构尚未达到极限强度，仍具有一定的承载能力，结构仍能安全可靠使用。对于船首、船尾主要受冲击载荷作用的结构，建立在结构动响应分析基础上的塑性设计方法可在保证结构安全可靠的前提下较好地发挥材料性能，获得耐冲击结构轻量化设计方案。

根据江海直达船舶的船首、船尾结构受载特点和结构特点，可以采用先进设计方法充分发挥材料的性能，在满足结构安全可靠前提下，获得轻量化设计方案。

4.2.3　宽扁型船体结构优化设计

船体结构优化设计是寻求合理的结构形式和适当的构件尺寸，使船舶结构在满足强度、刚度、稳定性及频率等条件下具有良好的力学性能、工艺性能、经济性能及使用性能。宽扁型船体结构的总纵强度较弱，往往由于总纵弯曲应力不能满足许用应力要求而不得不加大甲板厚度和甲板纵骨尺寸。这种情况下，加大型深有时还能取得结构轻量化的效果(常规船舶一般加大型深会增加船体结构重量)。以 1140TEU 江海直达集装箱船为例，不同型深船体剖面单位长度重量变化率如图 4.1 所示。随着型深的增加，船体结构重量可降低，但当型深达到一定值时，再增加型深，船体结构重量会迅速增加。

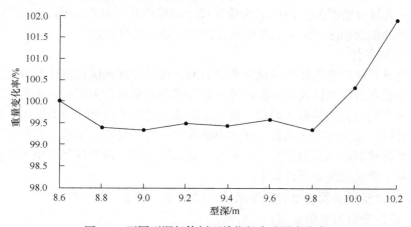

图 4.1　不同型深船体剖面单位长度重量变化率

江海直达船舶船体结构由于其空间结构形式的多样性、载荷的多变性等因素使结构受力状况较为复杂。设计变量既含有骨材间距等连续变量，又含有钢板厚度、加强筋型号等离散变量，属于混合变量优化。构件尺寸既要满足基于局部强度的条文规范，又要满足总纵强度的要求。另外，还要考虑结构功能性和建造工艺性的约束，这些因素使江海直达船舶船体结构优化实施起来较为困难，具有很强的综合性、经验性、模糊性、多目标性和创造性等。

1) 设计变量

为了减少结构分析和优化的规模，常把中横剖面上对总纵强度贡献较少的构件作为确定量，使其满足规范要求，将对总纵强度贡献较大的各板列的板厚、纵骨面积和纵骨间距，以及甲板纵桁、底纵桁的腹板厚度、高度及面板厚度、宽度等作为设计变量，有时还需计及肋距或双层底高度。如果还考虑横向构件的优化，在由甲板横梁、舷侧肋骨和船底肋板组成的横向肋骨框架中，纵向构件的板列形成工字梁的附连翼板，则将每一焊接 T 型材的腹板厚度、高度，以及面板厚度、宽度作为设计变量。确定设计变量时，尽量利用相邻板列的规范要求或专家经验建立某种函数关系，对应的甲板和船底纵骨间距尽可能采取一致等措施减少设计变量数目。

2) 目标函数

结构优化设计的评价有船体重量最轻和建造费用最低两种标准。本节以重量最轻作为优化目标，将船中剖面纵向强力构件的单位长度钢材重量作为目标函数，包括给定尺寸的构件重量和各优化变量的构件重量。目标函数为

$$f(X) = W = \rho\left(A_0 + \sum_{i=1}^{n} a_i \right) \tag{4.1}$$

式中，ρ 为材料密度(kg/m³)；A_0 为给定尺寸的构件总剖面积(cm²)；a_i 为第 i 纵向强力构件的剖面积(cm²)；n 为可变尺寸的纵向强力构件总数。

3) 约束条件

优化设计的约束条件要以规范要求为准。这是按规范优化设计的特点，即构件的尺寸或布置必须以规范对构件尺寸和布置的要求值作为限制。规范对构件尺寸的要求一般以公式的形式表示，而对总纵强度的要求以剖面模数给出。剖面模数是所有设计变量的隐式函数。在约束条件中，有些是显式函数，有些是隐式函数。由于构件剖面几何力学量的换算公式是非线性的，因此这些约束条件都是非线性约束。常见的约束条件如下。

① 设计变量必须满足规范要求：$1 - X_i / \overline{X}_{ri} \leqslant 0$。

② 设计变量的非负要求：$-X_i \leqslant 0$。

③ 为保证船体总纵强度，剖面模数必须满足规范要求：$1 - W_i / \overline{W}_{ri} \leqslant 0$，$1 - W_d / \overline{W}_{rd} \leqslant 0$。

④ 最大剪应力限制：$\tau / [\tau] - 1 \leqslant 0$。

⑤ 最小和最大尺寸限制：$\underline{X}_i \leqslant X_i \leqslant \overline{X}_i$。

⑥ 双层底高度的限制：$X_d \leqslant h$。

其中，X_{ri}、W_{ri}、W_{rd}、τ 为设计变量、中剖面对甲板的剖面模数、中剖面对船底的剖面模数，以及最大剪应力；$\overline{X}_{ri}$、$\overline{W}_{ri}$、$\overline{W}_{rd}$，以及 $[\tau]$ 为相应的规范要求值、规范对甲板的剖面模数、规范对船底的剖面模数，以及许用剪应力；$\overline{X}_i$ 和 $\underline{X}_i$ 为设计变量的上限和下限；X_d 和 h 为双层底高度设计变量和总布置对其限制。

另外，有时也需要考虑动力约束。为使船体固有频率与干扰力频率保持一定

的差距，避免发生共振现象，要建立若干个频率禁区。

4) 优化结果

采用全局探索优化方法，本例选用模拟退火算法，对宽扁型江海直达船舶中剖面结构进行优化分析，经过 40000 次的优化迭代计算可得到最优化的各设计变量值，进而得到典型剖面参数。典型剖面参数优化结果比较如表 4.1 所示。在惯性矩、最小剖面模数、中垂极限弯矩、中拱极限弯矩等都相当，且满足规范要求的前提下，通过结构优化设计可使剖面面积有效降低，单位长度船体结构重量下降 5.08%，即在安全可靠的前提下获得轻量化结构设计结果。

表 4.1　典型剖面参数优化结果比较

约束及目标	规范要求最小值	初始方案	优化结果
剖面惯性矩/m⁴	16.2	22.2	22.1
最小剖面模数/m³	4.16	4.56	4.66
中垂极限弯矩/(N·m)	$1.54×10^9$	$1.54×10^9$	$1.54×10^9$
中拱极限弯矩/(N·m)	$1.49×10^9$	$1.49×10^9$	$1.50×10^9$
剖面面积/m²	–	1.97	1.87

优化后结构尺寸变化示意图如图 4.2 所示。其中虚线代表结构尺寸加强，细实线代表尺寸减弱结构，粗实线代表尺寸不变结构。

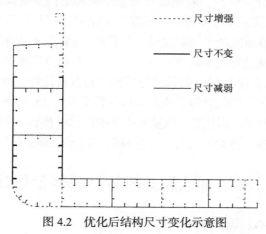

------- 尺寸增强

———— 尺寸不变

———— 尺寸减弱

图 4.2　优化后结构尺寸变化示意图

对优化结果分析可知。

① 尺寸加强结构主要是舱口围板和各纵骨。舱口围板是离中和轴最远的，加

强舱口围板对最小剖面模数的提高最为有效。一般情况下，运输船舶的板重量占70%，加强筋占 30%。板的主要作用是传递载荷，加强筋组成的空间立体框架主要承受载荷，将材料分配到加强筋上可在保证结构安全可靠的前提下获得轻量化结构设计。

② 尺寸不变结构主要位于舷侧中和轴附近。该区域的结构离中和轴较近，受到的总纵弯曲载荷很小，主要承受剪切载荷和局部载荷作用。规范基于局部强度要求规定构件尺寸。区域构件满足规范要求的尺寸正好合适，因此优化的结构尺度在该区域基本保持不变。

③ 尺寸减弱结构主要包括甲板板、平台板、内底板、船底板等。这些构件本身要承受较大的局部载荷，因此在结构规范法设计时为安全起见尺寸余量取得的较大，从合理分配材料，充分发挥各构件性能角度出发，可以去掉不必要的余量，因此优化时此区域构件呈现尺寸减小的趋势。

4.2.4　基于直接计算的基座补强设计

为使船舶能安全、有效地工作，船舶上配备有各种设备，包括舵设备、锚设备、系泊设备、拖拽设备、起货设备、救生设备、消防设备等。为保证这些设备安全可靠地工作，往往设有基座。基座置于船体结构上，基座下的船体结构要有所补强。根据传统经验设计方法，为了设备可靠工作，基座及结构补强往往设计得非常强，增加的结构重量较大。为有效减轻基座和结构补强的重量，获得合理轻量且安全可靠的结构设计，需建立局部船体结构模型，根据设备的安全工作载荷，进行局部结构计算分析，明确载荷传递路径和结构系统薄弱部位，合理分配材料进行针对性加强，可以得到安全可靠轻量化的基座及其下的结构补强。

以日本造船企业研发的卡姆萨型最大散货船为例。该船共有锚机、舵机、绞缆机、导缆孔、系船柱及导缆滚筒等基座 70 余个，初始方案按传统经验设计的基座及结构补强重量共约 18t。随后对其进行局部结构直接计算，根据计算结果对基座及结构补强进行优化。优化后的基座及结构补强重量在 15t 以下，且最大应力水平降低 20%。当然，由于基座位置，以及基座下的船体结构各不相同，需要建立的局部强度计算模型较多，耗费的人力、计算时间，以及结果分析的时间都不少。

4.3　江海直达船舶船体材料轻量化技术

4.3.1　轻量化金属材料设计技术

在江海直达船舶船体结构设计时采用高强度钢、铝合金、钛合金等轻量化金属材料，可在保证结构强度和使用要求的情况下，有效减轻船体结构重量、提高船舶载重量、节省能量消耗，促进技术发展和市场竞争。

1) 高强度钢

在进行船体结构规范设计时，规范公式中有材料系数 k，若采用屈服应力为 315MPa 的高强度钢，k 可取 0.78；若采用屈服应力为 355MPa 的高强度钢，k 取 0.72。由此可见，采用高强度钢可有效减小船体构件尺寸，减轻船体结构重量。

船体结构是细长体的空间立体结构，在外载荷作用下，最大总纵弯曲应力发生在强力甲板或船底等离中和轴最远的纵向构件处，最大局部应力发生在船底(水压作用)、内底(货物作用)或甲板(局部载荷作用)等纵横构件处。对这些构件采用高强度钢，效果是最明显的。靠近船体梁中和轴附近的舷侧结构的应力水平相对不高，采用高强度钢的好处不大。水线附近的舷侧构件经常承受波浪交变载荷，容易产生疲劳裂纹，不宜采用高强度钢。另外，随着钢材屈服强度的提高，其韧性和塑性迅速降低。不同屈服强度钢材的伸长率如图 4.3 所示。

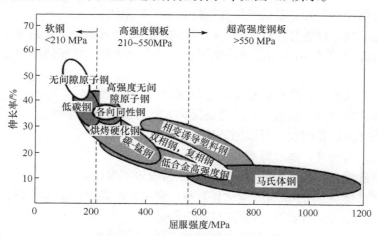

图 4.3　不同屈服强度钢材的伸长率

高强度钢具有屈服强度高的特点，但其弹性模量并没有改变。随着尺寸的减小，构件刚度降低，相对变形增大，在构件的连接处易产生附加载荷，形成应力集中，在一定程度上降低船舶的使用寿命。此外，构件尺寸的减小使其发生屈曲的概率增加，会引起一定程度的强度降低，需要在结构设计时加以考虑。表面光滑的高强度钢的疲劳强度要比普通钢高。在船舶建造过程中，电弧、机械划伤容易导致其表面产生缺陷，使疲劳强度降低到与普通钢相当，甚至更低的水平。

因此，在江海直达船舶设计与建造过程中应尽量使用高强度钢来减轻船体结构重量，但要注意如下问题。

① 屈曲强度。进行结构非线性响应分析，明确结构的极限承载能力，确保结构安全可靠。

② 结构设计原则。结构逐渐过渡、设大肘板、对称面板、端部削斜设软趾等，有效避免应力集中。

③ 疲劳强度。在交变载荷作用下，有表面缺陷结构的疲劳寿命评估。

④ 建造公差。注意构件理论线对齐，严格控制建造公差。

⑤ 焊接。通过焊前预热、焊后保温等措施，控制焊接变形。

2) 铝合金

铝合金与钢相比有诸多优点，具有独特的结构轻量化优势，在高速船、公务船、游艇等市场有广泛的应用。铝合金用作船体材料，具有如下优点。

① 比重小，可有效减轻船体结构重量，减小主机功率，增加航速，减少燃油消耗，提高盈利能力。

② 可改善船的长宽比，增加稳定性，使船易于操纵；可增加载重量，获得额外利润。

③ 抗腐蚀性能好，日常维保费用低，使用年限较长。

④ 加工成型性能好，易于进行切割、冲压、冷弯等各种形式的加工，适合船体的流线化；可挤压出大型宽幅薄壁型材，减少焊缝数，使船体结构合理化和轻量化。

⑤ 焊接性能好，能较容易地进行焊接。

⑥ 弹性模量小，吸收冲击应力的能力大，有较大的安全性。

⑦ 铝废料容易回收，可以循环使用。

⑧ 无低温脆性，适合低温设备。

⑨ 非磁性，罗盘不受影响，可用于扫雷艇等军事用途。

铝合金材料对船体结构轻量化具有重要意义，但高昂的价格限制了其广泛应用，将其用于船体结构设计需要注意如下问题。

① 强度设计。铝合金材料经过焊接加工后，其承载能力会有一定程度的降低，设计时需针对不同的铝合金材料，按焊后强度进行设计，同时留出一定设计余量，以保证结构安全。

② 刚度设计。一般设计规范对结构强度有要求，对刚度不做要求。为保证结构使用的舒适性，要有一定的刚度，否则变形大且易发生振动。铝合金的弹性模量仅为钢的1/3左右，要达到与船用钢相当的设计刚度，需要增加厚度和剖面模数。

③ 防火要求。虽然法规认可铝合金敷设隔热材料可以作为船用钢的替代材料，但受限于铝的物理特性，各种铝合金材料熔点一般都在600℃左右。法规要求标准耐火实验的标准"时间-温度"曲线，在15min后需达到718℃，对铝合金敷设隔热材料要求较高，对危险系数高的区域要特别注意。

4.3.2　复合材料设计技术

　　复合材料指两种以上的异质、异形、异性的材料，经过复合形成的新型功能结构材料，具有重量轻、强度高、模量高、耐疲劳、耐腐蚀等优良特点，越来越广泛地应用于船体结构轻量化设计中。一般设计成夹层板结构，即上下两块薄而强的面板和填在其中并与面板牢固连接起来的轻质芯材。复合材料夹层板结构如图 4.4 所示。面板可以是各向同性材料，如铝合金、不锈钢，也可以是复合材料层合板、胶合板、纸等。芯材可以是一般芯材，如聚氯乙烯泡沫、巴萨木等，也可以是蜂窝芯、金属泡沫等。

　　薄板或复合材料层合板经典理论的弯曲分析建立在 Kerchhoff 直法线假设的基础上。夹层板结构的力学理论主要有 Reissner 理论、Hoff 理论和普鲁卡克夫-杜庆华理论。Reissner 理论将夹层结构的面板看作只承受内力的薄膜，忽略本身的抗弯刚度。夹芯只承受横向的剪切力，在夹芯中面内的应力为零。这一理论是在 Reissner 层板剪切修正理论基础上提出的，用它求解夹层板的总体弯曲和压曲问题比较简单，且误差较小，较受工程设计者的欢迎。

 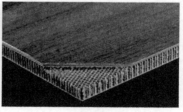

(a) 聚氯乙烯泡沫芯　　　　　　　　　　　　(b) 蜂窝芯

图 4.4　复合材料夹层板结构

　　夹层板的面板主要承受拉力和压力，而芯层相当于腹板，主要承受弯曲时的剪力。因此，在构造上通常是用厚度较薄、强度高、刚度大的材料作为面板，而用密度小、厚度较大、有一定承剪能力的材料作为芯层，用胶接的方法把它们连接起来。夹层结构的主要特点是抗弯刚度大，可以在结构质量较小的情况下承受较大的弯曲载荷，即具有较高的抗弯刚度质量比，良好的耐疲劳性能。

　　复合材料的强度评估比金属类各向同性材料更为复杂。在各向同性材料中，各强度理论中的最大应力和线应变一般指材料的主应力和主应变。对于复合材料，由于其各向异性，最大作用应力并不一定对应材料的危险状态，因此与材料方向无关的最大主应力没有意义，材料主方向上的应力才是重要的。由于材料各个主方向的强度不同，因此最大作用力不一定是控制设计的应力。

　　由于复合材料的多相性，以及各主方向结构强度不同，与之对应的结构或材料失效方式也有很多。典型的复合材料结构的损伤模式有纤维失效、基体开裂、基体纤维剪切、分层等，可以采用不同的强度失效理论对损伤模式进行判定，如 Hashin 准则等[31-34]。实际复合材料结构的破坏机理更为复杂，可能是多种损伤模式组合下的无规律扩展导致的极限破坏，因此对其进行失效判定也更加困难。

　　研究发现，复合材料结构的失效是逐渐发生的。在外载荷的作用下，复合材料层合板结构先发生单层损伤，损伤区域的材料性能发生退化，整个复合材料结构的本构关系发生改变；其他单层接着发生损伤，损伤区域材料性能也发生退化，复合材料结构本构关系随之发生改变，依此类推，直至结构完全失效。目前的失效准则并不能对复合材料结构的渐进损伤过程进行判定，但是渐进损伤方法的提出可以有效地解决这个问题。渐进损伤方法基于损伤力学，将复合材料的失效看作一种损伤，采用材料退化模型描述损伤材料的力学行为，通过渐进的应力分析和失效评价来模拟复合材料结构的损伤初始、损伤扩展，以及最终失效全过程。渐进损伤方法主要包括应力分析、失效准则选取、材料退化模型和最终失效评价方法等四个方面的内容。渐进损伤方法流程图如图 4.5 所示。

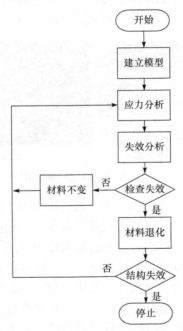

图 4.5　渐进损伤方法流程图

　　层间强度是指层间抵抗分层破坏的能力，可分为层间拉伸强度和层间剪切强度。层间拉伸强度指在垂直于层压板的载荷作用下的层间可承受的极限载荷。一般情况下，层间拉伸强度指单向板的层间拉伸强度。试验证明，层间拉伸强度与层压板的铺层方向之间几乎没有联系。层间剪切强度指单向板铺层之间沿纤维方向的层间剪切强度。需要注意的是，层间剪切强度还与层压板铺层方向有关。基于断裂力学-损伤力学的内聚力模型提供预测复合材料结构层间强度的方法。

4.4　江海直达船舶船体工艺轻量化技术

在使用船体结构轻量化技术和船体材料轻量化技术后，往往还需要相应的船体工艺轻量化技术来满足材料和结构的变化。

4.4.1　钢-铝合金连接工艺

目前，主船体材料大多采用钢。上层建筑的轻量化可采用铝合金材料，传统的方法是采用铆接或栓接，会无谓增加很多重量，与轻量化设计理念不符。由于钢和铝的熔点相差悬殊，线膨胀系数、导热性和比热容相差较大，且铝的表面存在难熔氧化膜，因此电弧焊接钢与铝/铝合金时，常常在过渡区形成金属间化合物，也会在焊缝中形成夹渣。

近年来，一种新型可焊接复合板式过渡接头研发成功，可以为铝合金/连接铝/钢三层复合板经过冷轧复合，进行再结晶退火后成形，保证良好的连接性，并且连接铝与钢界面不产生金属间化合物，能较好地通过电弧焊接连接钢和铝合金结构，满足结构强度、刚度和稳定性的要求。

过渡接头与钢或铝合金焊接必须遵循如下基本准则。

① 铝-钢界面范围内是不允许焊接的。

② 铝-钢界面温度必须保持在 300℃以下。

③ 焊道间温度不得高于 200℃。

④ 不能对结构过渡接头条带进行预热。

⑤ 不允许用气体切割，只能用机械切割(锯切)。

过渡接头与钢的焊接可采用手工电弧焊或 CO_2 气体保护焊；与铝合金的焊接可采用熔化极惰性气体保护焊或氩弧焊。过渡接头与钢和铝合金焊接时的极性、焊接电流、电弧电压等焊接工艺参数有所不同。焊接工艺参数如表 4.2 所示。

表 4.2　焊接工艺参数

工艺参数	与钢层焊接	与铝合金层焊接
焊接电流/A	90～110	120～140
极性	直流正接	直流反接
电弧电压/V	22～23	18～20
氩气流量/(L/min)	—	16～18

结构过渡接头与钢或铝合金焊接后，焊道应无裂纹、夹渣、气孔等缺陷，各层间应无未焊透、裂纹、夹渣、气孔等状况，焊缝表层与基本金属熔合良好，无咬边现象，要将焊缝表面磨平，与基本金属等厚。

4.4.2　复合材料连接工艺

船用复合材料结构的连接方式主要包括机械连接和胶接连接。机械连接是复合材料结构中一种最主要的连接形式。机械连接质量易于控制，强度分散性小、能传递大载荷、便于装卸、安全可靠。由于开孔将引起应力集中，机械连接的效率低，同时紧固件会增加机构的重量和装配工作量。胶接连接是整体化复合材料结构的主要连接形式。胶接连接借助胶黏剂将其胶接零件连接成不可拆卸的整体，无需机械就可以保持纤维的连续性，无钻孔引起的应力集中。胶接连接效率高、结构重量轻、适于异形、异质、薄壁及复杂的零件连接。但是，胶接质量控制较困难，其性能受环境(湿、热、腐蚀介质)影响显著，存在一定的老化问题，并且胶接连接后一般不可拆卸[35]。

由于复合材料生产和加工的局限性、工作周期内的可达性，以及结构的维修性需求，连接设计是复合材料不可或缺的组成部分。以下原因会使复合材料生产和加工的局限性问题更加突出。

① 大型复杂结构不能一次成型，需要将几个部件连接组装成完整结构。限制产品生产尺寸的因素包括材料散热性、树脂基体固化时间、织物尺寸和性能、模具匹配性，以及脱模要求等。

② 结构周边载荷传递路径的分散性受纤维方向影响。典型的实例包括加强筋和隔舱壁。通常作为附属结构，这些面外部件不能与主体结构一次成型，而是要通过连接装配到主体结构上。

基于结构可达性和维修性需求，如果结构中的某些组件需要经常检修，那么阻碍检修的结构部件与其他结构之间需采用便于拆卸的连接。如果隐藏在内部的部件仅需要偶尔处理(如出现重大故障需要拆卸)，那么阻碍其维修的结构可以在必要时作为维修的一部分切掉，此类连接可视为永久性连接。

为了实现连接功能，连接设计必须满足一个极为重要的要求，即连接结构的出现不能破坏整体结构的完整性。根据结构的功能和用途，完整性可以通过多种方式进行定义，主要包含以下方面。

① 强度。拉伸、压缩、剪切或者层间强度，连接强度不低于周边结构。

② 刚度或柔度特性。如果连接结构和周边结构的刚度特性存在较大差异，就会导致在连接结构、周边结构或者两者之间同时产生应力集中。这主要取决于结构的几何尺寸和载荷特征。

③ 水密性(或者气密性)。如果结构是为了保存流体(或阻止流体进入)，那么

显然在该结构表面的所有接头均需保持相同的水密性。

在设计阶段需要考虑的另一个因素是连接结构生产加工的经济性，在大型复杂结构中，连接接头将占据结构重量和生产成本的较大部分，因此有必要将材料和劳动力成本降到最低，同时保证接头的生产工艺与其余结构适应。此外，在生产高性能接头时，还需注意平衡由减轻重量带来的经济优势和可能带来的成本增加。

复合材料的连接形式基本可分为面内连接和面外连接。面内连接包括面内搭接和面内对接，适用于平板部件的拼接，可以是削斜连接或搭接。削斜连接通过胶接界面连接。被胶接件可以是对称结构或非对称结构。此外，削斜连接也适用于表层较厚的三明治夹层板的胶接。阶梯形搭接也属于该类连接。搭接可以是螺栓连接、胶接或两者混合连接，可以采用单搭接或双搭接。三明治夹层结构也可采用该连接形式，特别是表层较薄时。

面外连接主要用于骨架-壳板的连接，以及舱壁-外壳板的连接。前者主要采用帽形加强筋，筋材通常是在已固化壳板上进行模塑成型，也可以采用拉/挤成型的筋材，然后通过胶接和/或边角连接固定到壳板上。舱壁-外壳板的连接与帽形筋-壳板的连接方式不同。这是因为舱壁和外壳板在连接前均已预制成型，并且接头的两侧都可以施工成型。

4.4.3　精益造船工艺

精益生产理念是以最大限度地减少企业所占用的资源，降低企业管理和营运成本为主要目标的生产方式。它以"消除浪费、持续改善"为理念，通过对生产方式不断地改进，消除原材料的浪费，进一步完善操作程序，提高产品的质量，进而缩短产品生产时间等持续减少企业运营中的非增值活动。

根据宽扁型江海直达船舶特点，实施精益造船。建造过程需要对船体进行精度控制，否则会由焊接收缩和加工热变形出现加工误差，造成大量的返修，直接影响生产质量和进度，进而影响精益造船计划的执行。

造船精度管理的目的是通过无余量造船的方法，在船体制造过程中，一次装配焊接成功实现减少返工、废料、人工，提高造船效率，降低造船成本。精度管理的内容包括确定管理原则、确定分段装配难点、确定精度分配原则等。

造船精度管理是指用数理统计的方法，对造船生产过程中的加工误差和焊接热变形的精度进行监督、控制和改进，用补偿量代替加工余量，减少造船加工、装配和焊接中的无效劳动，从而改善造船生产设计、造船计划和造船工艺的水平，提高造船的生产效率。

数理统计技术是造船精度管理的基础和基本工具。这种技术早在 20 世纪 40 年代就已经广泛应用于制造业的质量管理。值得注意的是，按照精益造船的管理思想，造船精度管理不是要求造船精度标准越高越好。只要能够满足合同规格书对造船质量的基本要求，造船精度管理应该在分段装配和船台搭载的过程中寻求最佳的成本最低的造船工艺方法。

精度造船的难点是控制船体大合拢的分段对接精度。通常船厂都在分段接缝处留有余量，这种工艺方法的好处是不需要严格的公差要求，对分段制造过程中的尺寸精度控制比较容易，但在分段对接装配时，需要进行两次定位，还要切割余量，占用起重机的时间长，劳动生产效率低下。精度造船在分段接缝处不留余量，板材在车间下料切割时就已经开好大合拢焊接坡口。在分段制作的过程中，充分运用精度管理方法，计算各个工艺阶段由于焊接产生的板材收缩量，通过在下料时对板材事先加放补偿量的办法代替焊接产生的收缩量，从而使分段大合拢的对接尺寸精度能够直接满足公差要求，不再需要进行切割修补。这样可以大大节省时间和成本，提高生产效率。如果分段制作的尺寸超出大合拢对接的公差要求，就需要进行返工修补、切割或者堆焊。由于船体大合拢的作业条件和环境比车间和平台恶劣许多，因此精度造船一定要避免分段大合拢接缝的超差。出现这种异常现象必须分析、寻找原因，立即采取措施排除。

根据宽扁肥大型江海直达船舶精益制造流程的布局特点，可以增加船台前区和侧面的自由场地，零件供应按结构部件、平面分段和曲面分段、立体分段等不同制造级所需的零件集配托盘供给。部件加工设为主流程的子线，部件加工车间布置在平面和曲面分段生产线之间，使部件直接输入平面分段和曲面分段的主生产线中，以实现单件流生产。按照类模块建造方式，优化平面和曲面分段，并采用平面和曲面分段流水线技术组织生产。分段舾装、除锈和涂装采用专用舾装场地和封闭的专业涂装车间。管件加工车间布置在两条主线平面和曲面分段的舾装区域之间，将肋板拉入装配工艺，充分发挥平面分段流水线的功能，实现纵骨装焊自动化，提高生产效率，有效控制分段装焊变形。同时，对提高平直流水线的生产效率，减小双层底及舷侧分段的补板数量有重大意义。结合江海直达船舶的特点，应用精益造船流程、装配工艺和类模块建造方法，辅以动态反求等先进测量技术，可以简化船体建造工艺，有效控制建造过程中的船体误差，实现总段的无余量船台合拢，实现船体工艺轻量化。

4.4.4　自动化造船设备

虽然人在造船实践中起着重要作用，但无论是国内还是国外，都比较认可：船造得好不好、快不快取决于机器好不好用。

1) 焊接

一直以来，我国造船企业都致力于造船焊接工艺方法的研究，目前已有 40 多种造船焊接工艺方法，并获得有关船级社认可。近十余年来，高效焊接设备及技术取得了长足进步，并在散货船、油船、集装箱船等三大主力船型，以及液化天然气船、液化石油气船、海洋浮式生产储油船、超大型油船、滚装船、水翼船等高技术、高附加值船舶上获得广泛应用。我国造船业的高效焊接已达90%以上。

船用高效焊条、CO_2 气体保护实心焊丝、CO_2 气体保护药芯焊丝、单面焊衬垫、CO_2 气体保护电弧焊、多丝埋弧焊机、逆变焊机、气电垂直自动焊机、横向自动焊机、自动平角焊机、双丝熔化极活性气体保护电弧焊自动焊机等已全面推广应用，并实现国产化。目前高效节能型焊接设备的应用率在95%以上。

另外，CO_2 气体保护半自动焊机、便携式逆变钨极氩弧焊自动焊机、气体保护自动角焊机、双丝气体保护自动角焊机、双丝熔化极活性气体保护电弧焊自动焊机、管子机器人自动焊接流水线等自动焊接新工艺、新设备陆续开发成功，使平面分段和平直立体分段的焊缝可实现机械化和自动化焊接。

2) 切割

自动化热切割技术，如数控火焰切割、数控等离子弧切割、数控激光切割、数控管子相贯线切割等获得广泛应用，从根本上解决了困扰船舶建造周期中的钢板下料切割的瓶颈。

3) 数控水火弯板和曲板成形

应用船舶三维生产设计软件，如 Tribon 中的曲板形状，进行最佳加热路径规划，直接输出数控指令，控制高频感应头的扫描速度、温度等参数，可以高效实现大型船用曲板加热自动化加工。

4) 数控肋骨冷弯机

传统的肋骨弯曲多采用热弯加工，劳动强度大、操作环境差、生产效率低、费用高。冷弯成形工作环境好、工序简单、效率高，而且型材冷弯过程中主要是弹塑性变形，采用液压进行弯曲可得到光顺的线型。通过对弯曲形状测量方法的研究，采用弦线测量法，推导肋骨成形控制参数，控制肋骨的成形加工，可以提高成形精度。对型材塑性加工过程回弹的力学原理展开研究，采用高效加工方法，可以有效减少弯曲次数。数控肋骨冷弯机具有自动化程度高、操作简单、效率高、成形效果好等诸多优势，促进了船舶建造技术发展。

5) 数控弯板机

三维曲面船板弯曲加工是船体构件加工中的重要环节，其加工质量和效率直接影响船舶建造的质量与周期。大多采用水火弯板加工，欧洲船厂也有手控机械冲压和碾压加工方式。这些加工方式依赖操作人员的技术水平和经验，存在操作技术复杂、加工效率低、弯板质量稳定性差、劳动强度大、环境友好度小、标准化工艺规程实施困难等问题。武汉理工大学研究团队采用活络方形压头及上下模非对压方式，消除板材冲压成形过程中的压痕与皱折；基于板材弹塑性加工回弹理论和激光实时形状测量技术，形成快速逐步逼近弯曲成形方法；与工业工作站人机交互，以三维生产设计软件中的三维曲板形状作为加工数据，可以高效、高质量加工出复杂的三维曲面船板。武汉理工大学研发的智能数控弯板机是自动化造船重大设备，能够解决船舶外板的自动加工，缩短造船周期、提高造船质量、改善作业条件、降低劳动强度，综合提高船体外板加工效率达十倍之上，有助于船厂数字化造船技术的进步，提高船厂竞争能力[36]。

另外，随着部件装焊生产线、纵骨生产线、拼板自动焊接、平面分段流水线等机械化、自动化造船装备和设施的开发及利用，可以极大地提高生产效率和建造质量，促进造船工业的发展与进步。

4.5　本章小结

船舶轻量化设计技术能有效减轻空船重量，提高载重量，提升船舶设计技术水平。本章首先介绍船舶轻量化设计的背景、船舶轻量化的定义及规则、轻量化设计的现状，并对现状进行分析。然后，从结构轻量化、材料轻量化、工艺轻量化三个维度，结合江海直达船舶特点，系统介绍船舶轻量化设计技术。

第5章　基于极限强度的江海直达船舶
船体结构优化设计

宽扁型江海直达船舶在海上遭遇极限海况时，如果受到的外力比结构的耐力大，则会发生结构崩溃等严重海难事故，带来人命财产等巨大损失。因此，进行合理的结构布置、设计合理的结构尺寸，在相同重量下具有更大的极限强度，对船体结构安全可靠具有重要意义。

5.1　船体结构优化设计

随着计算技术的发展和计算机软硬件的进步，计算机辅助优化(computer aided optimization，CAO)技术迅猛发展，由于其高仿真性、高集成性、高快速性、高适应性，在船舶工业界得到广泛应用，促进了船舶工业技术的发展与进步。船体结构优化设计在于寻求既安全，又经济的结构形式。结构形式包括尺寸、形式和拓扑等信息，其目标是求解满足一定约束条件下最小重量的结构，获得最佳的静力或动力形态特性[37]。

5.1.1　结构优化设计概述

船体结构优化设计大体可分为三个阶段。第一阶段是建立数学模型，其目的是将工程问题转化为数学问题。船体结构最优化问题的数学模型以结构最小重量为目标，其目标函数是线性的，约束表达式是非线性的。第二阶段是选择一个合理、有效的计算方法。第三阶段是编制通用的计算机程序。程序编制能迅速给出同一类型结构的最优设计方案。如何将各优化方法应用于船体结构优化设计有两个关键问题：一是建立合理、可行的数学模型；二是选择适当的优化算法。针对各类船舶复杂的结构形式，建立合理可行的优化数学模型，选择适当的优化策略，选择或开发实用的优化算法，是船舶工业界关注的热点。

船体结构优化设计可以根据设计变量的类型分为不同的层次：在给定结构类型、材料、布局拓扑和外形几何的情况下，优化各个组成构件的截面尺寸，使结构重量最轻或最经济，通常称为尺寸优化。它是结构优化设计中的最低层次。如果结构的几何形状也可以变化，例如把节点位置或连续体边界形状的几何参数作为设计变量，是较高层次的优化，即形状优化，进而再对节点联结关系或连续体结构的布局进行优化，则可达到更高层次的优化，即拓扑优化。显然，随着结构优化层次的提高，其难度也越来越大。下面就船体结构优化设计中的材料选择、尺寸优化、形状优化和拓扑优化作简要分析。

1) 材料优化

合理选择结构用钢，不仅影响结构方案，使构件尺寸和结构形式发生变化，还直接影响船舶的经济性，甚至对船舶总体性能也有一定的影响。因此，它是初步设计中首先要解决的一个重要问题。

船体结构用钢一般分为普通钢和高强度钢(屈服点大于或等于235MPa)。设计时应首先确定以何种屈服极限的钢材作为船体材料。一般情况下，该问题应由经济合理性确定，并且考虑船体结构轻量化。因此，对同一条船的设计应采用不同的用钢方案，并进行计算比较分析。

对于船长在90m以下的小型船舶，构件的尺寸往往根据一定的腐蚀、磨损等厚度储备来选择。此时，使用高强度钢达不到减轻重量的目的。随着船长和排水量的增加，船体的主要构件采用屈服极限较高的钢材，可以有效减轻结构重量。但是，船体主要构件厚度的减小是以保证结构具备一定的稳定性储备为前提的。因此，对每种类型的船舶来说，采用超过一定屈服极限的钢，结构重量减轻的效果是不同的。同时，材料的选择还必须与船体骨架形式的选择配合。对横骨架式船，为保证稳定性要求，即使采用高强度钢，也不能有效地减小板的厚度。因此，材料的屈服极限越高，就越有必要采用纵骨架式结构。此外，高强度钢的应用还受到船体最小刚性要求等的限制，如集装箱船等大开口船舶。

《特定航线江海直达船舶建造规范》(2018)规定，当船长大于等于90m时，船体各强力构件的材料级别和钢级应不低于相应的规定，对不同材料级别的船体构件，应根据船体构件所取的板厚选用钢级。

2) 布置优化

船体结构一般为细长的空间薄壁结构，漂浮在水中，在重力和浮力作用下达到平衡状态。重力和浮力的差值即作用于船体结构的静水载荷。通过合理的船体总布置设计可使重力和浮力的差值较小，从而使作用于船体的静水载荷也小，所需船体结构剖面惯性矩及剖面模数也相应减小，这样就为轻量化结构设计提供了便利条件。考虑船舶营运时的各种装载状况，通过总布置优化可以实现船舶整体或局部结构的最佳布置形式，有效减小作用于船体结构的外载荷，达到减轻结构重量的目的。

3) 尺寸优化

尺寸优化用来修改单元的各种基本属性，如厚度、截面、刚度等。某些结构单元的各种属性可能彼此相关，如梁的截面积、惯性矩、扭转常数等都与截面几何形状相关。因此，优化的单元属性并不一定要直接作为设计变量，但可以表达为设计变量的函数。对一些简单的优化问题，如仅调整板厚，单元属性则可直接作为设计变量。用有限元计算结构位移和应力时，尺寸优化过程不需要重新划分网格，直接利用敏感度分析和适当的数学规划就能完成。对于一定的几何状态，如固定节点位置和单元连接，有限元分析只是在截面特性发生变化时需要重复进行，对于具有连续性结构的板或壳，也只是把各单元厚度作为设计变量，优化结果是阶梯形分布的板厚度。在这类优化过程中，设计变量与刚度矩阵一般是简单的线性关系。因此，尺寸优化的重点集中在优化算法和敏感度分析上。这一层次的研究虽是结构优化中的最低层次，但可以为加深对结构优化问题的认识、使用不同类型的算法提供宝贵经验。船舶结构优化设计大多将最后的问题归于尺寸优化。

4) 形状优化

结构形状优化就是选择描述边界形状的若干参数作为设计变量，通过适当方式改变这些参数值，可以确定形状、降低应力集中、改善应力分布，使边界最大应力极小化。其主要特征是，待求的设计变量是所研究问题的控制微分方程的定义区域，所以是可动边界问题。它主要研究如何确定结构的边界形状或者内部几何形状，以改善结构特性。许多重要结构或部件往往因为局部应力集中而造成疲劳、断裂破坏。在船舶结构中，有些构件的部分边界(如舱口角隅)因承受载荷而产生应力集中，造成结构损伤。因此，寻求良好的边界形状，使其应力分布合理是船舶结构设计中一个非常重要的问题。实践表明，结构的形状优化设计是解决这类问题的有效途径。就形状优化的数值方法而言，它是逐次迭代的过程，必须选择一种高效率的应力计算手段、一个简易可行的灵敏度分析技巧和一个稳定可靠的最优化方法。因此，在船舶结构的可变边界上选取边界元节点坐标，采用边界元法计算边界应力，并求解带自适应移动界限的序列线性规划使应力集中极小化。形状优化设计的研究起步较晚，已经取得的研究成果较少。这主要有两方面的原因：一是在形状优化过程中分析模型不断变化，因此必须不断地重新生成有限元网格，并进行自适应分析，有一定的难度；二是在形状优化过程中，单元刚度矩阵、结构形态与设计变量之间的非线性关系使形状优化的敏感度分析计算量比尺寸优化要大得多，也困难得多。

5) 拓扑优化

在形状优化过程中，初始的结构和最终的结构是同一拓扑结构，经形状优化后，改变的只是开孔的边界形状。开孔数没有增加或减少。实际上存在这样的情况，即在同样满足设计约束的条件下，开孔数的改变比开孔形状的改变对降低板的重量更有效，这就是拓扑优化研究的初衷。拓扑优化的基本思想是将寻求结构的最优拓扑问题转化为在给定的设计区域寻求最优材料的分布问题。寻求最佳的拓扑结构形式有两种基本原理：一种是退化原理，另一种是进化原理[38]。退化原理的基本思想是在优化前将所有结构元素都加上，构造适当的优化模型，通过一定的优化方法逐步删减那些不必要的结构元素，最终得到一个最优化的拓扑结构形式。进化原理的基本思想是把适者生存的生物进化论思想引入结构拓扑优化，通过模拟适者生存、物竞天择、优胜劣汰等自然规律获得最优的拓扑结构。尽管利用有限元和边界元都可以自动划分网格，但对于一个拓扑结构变化的模型处理却鲜有研究，因此在设计区域自动产生开孔是很困难的。为了突破这一局限，一种直觉的方法是考虑利用"固定"的有限元模型。在此模型中，较小应力的单元被人为地指定为很软的材料来近似地产生开孔。

从目前的发展来看，拓扑优化设计的研究主要有以下几个方面。

① 基于无网格数值技术的拓扑优化设计、并行结构拓扑优化设计、双向拓扑优化设计，以及复合遗传算法等混合拓扑优化设计。

② 多目标拓扑优化设计、结构动力学的拓扑优化设计、非线性的拓扑优化设计、可变载荷拓扑优化设计、多工况下的拓扑优化设计。

③ 路径规划非线性控制柔性机构的拓扑优化设计、压电智能柔性机构的拓扑优化设计、柔性力学结构的拓扑优化设计、磁场的拓扑优化设计、抗振结构智能优化设计等。

目前，结构拓扑优化设计研究已开始应用于船舶结构设计领域。

5.1.2 优化算法

船体结构是一个复杂的立体空间结构。结构优化设计含有骨材间距等连续变量和钢板厚度、型材面积等离散变量，属于混合优化。为了将船体结构优化技术付诸实际，除了建立可靠的优化模型，还需要选择收敛速度快且计算简单的优化算法。用于船舶结构优化设计的优化算法有准则法、数学规划法等经典优化算法和遗传算法、人工神经网络、粒子群算法等启发式智能优化算法，以及基于代理模型的优化算法等。

1) 准则法

准则法是通过力学概念或工程经验建立相应的最优设计准则，建立最优化设计迭代式，然后进行迭代求解，利用最优准则在满足各种约束的设计方案中寻求最优设计的方法。其优点是，物理意义明确、方法相对简便、结构重分析次数少、收敛速度较快等。其缺点是，从原理上不能保证一定是最优解，收敛性也难于证明，在优化过程中需要加入人为干预才能求出最优解，且计算量较大，算法收敛速度慢，迭代次数会随着变量的维数迅速增加。目前，船体结构优化设计中常用的准则法有满应力准则法、位移准则法、能量准则法等。

2) 数学规划法

在准则方法发展的同时，以数学规划为基础的结构优化方法的研究一直在推进中。到 20 世纪 70 年代中期，Schmit 等提出结构优化的近似概念，主要包括设计变量链化、约束暂时删除、利用导数信息对主动约束进行 Taylor 展开等，从而使规划方法有了新的生命力。近似概念的引入实际上是将原问题转化成为序列近似优化问题，通过求解近似问题逼近原问题的解。近似问题中的目标函数和约束函数均为显函数，因此近似问题易于求解。在整个近似问题的求解过程中无须再做结构分析，即每形成一个近似问题，只需一次结构分析和敏感度分析。因此，与结构优化概念引入初期直接用数学规划理论求解方法相比，结构分析次数大为减少。数学规划法以规划论为基础，理论严谨、适用面广、收敛性有保证。其缺点是，计算量大、收敛慢，特别是对多变量的优化问题更甚。20 世纪 70 年代以后，结构优化设计中的规划法吸收了准则法的优点，根据力学特性进行了某些改进，如显式逼近、变量连接、选择有效约束、引入倒数变量、采用对偶求解技术等，使计算效率得到显著提高。通常使用的数学规划法有序列线性规划法、二次规划法、罚函数法、乘子法等。

3) 智能优化设计方法

将人工智能的研究成果与经典的优化设计相结合的方法称为智能优化设计方法。与经典的优化算法相比，智能优化算法不再以单点搜索寻求局部最优解，而是依据群体进化的方式进行全局寻优。群体内部之间有信息的交流和学习，群体的代与代之间有继承和发扬。这样可以充分利用得到的信息，加速寻优过程。

(1) 模糊优化设计

船体结构设计包含各种不确定性，这是力学模型的近似、设计过程的简化和设计因素的复杂性导致的。目前，某些非随机的模糊性在制定合理设计方法中起着重要作用。这类不确定性必须运用 Gaden 提出的模糊集合论加以研究。考虑船体结构优化设计的约束条件具有模糊性，如许用应力、许用位移、尺寸界限和频率禁区等从完全许用到完全不许用有一个中间过渡阶段，因此需要应用模糊数学规划方法进行模糊优化设计。

将单目标模糊优化的最大水平法加以推广，考虑多目标结构模糊优化设计问题具有目标和约束两方面的模糊性，首先构造满足模糊约束的各模糊目标子集的隶属函数，然后根据广义模糊判决的不同形式(交模糊判决、凸模糊判决和积模糊判决)提出最大水平法、线性加权和法、功效系数法，都转化为单目标普通规划求解。船舶结构实例计算表明，基于广义模糊判决提供结构多目标模糊优化问题的三种解法，使模糊优化设计既符合客观实际，又便于设计人员结合具体情况加以选用。在船舶结构设计中，要求重量轻且造价低，或者重量轻且变形小。因此，在满足模糊约束条件下寻求彼此矛盾的多目标的满意解，便形成船舶结构的多目标模糊优化设计问题。模糊优化在船体结构优化设计中应用得非常广泛。

(2) 遗传算法

由于船体结构优化设计属于混合变量优化问题,过去往往先将离散变量按连续变量处理,用非线性规划求解,再在最优解附近进行圆整试算。这样既会额外增加结构分析的工作量,又不一定能获得该问题的最优解。因此,寻找一种直接求解船舶结构混合变量的优化方法是非常必要的。

遗传优化算法是模拟生物遗传进化机制的一种新算法。该算法由 Hllonad 提出,Glodeberg 发展并应用于结构优化设计领域。根据船体结构优化设计的特点,文献[39]运用生物进化论的一些基本原理,对简单遗传算法加以探讨和改进,提出船体结构混合变量优化的遗传算法。与传统优化算法相比,遗传优化具有较高的鲁棒性,不需要导数信息,采用目标函数的外罚函数将原问题向无约束问题转化,采用变量的编码集而不是变量本身进行操作,以二进制串设定设计变量与二进制的映射关系,可以有效模拟连续、整型和离散变量,采用生物进化过程中最重要的三个遗传算子,即再生、交叉和异化算子,适合各类复杂优化问题的求解,而且遗传算法利用统计方法论指导大范围的搜索过程。其解的移动非常适合并行高速计算,并能获得非精确概率意义上的全局最优解。显而易见,遗传优化并行算法及其应用是工程设计领域的一个重要研究方向。实例表明,遗传优化方法在船体结构优化设计中是可行且有效的。

(3) 人工神经网络

人工神经网络是由大量简单神经元相互连接而成的复杂网络,具有高度的非线性,能够进行复杂的逻辑操作,实现非线性关系的系统。神经网络能够快速反应,便于对事务进行实时控制和处理,具有卓越的自组织能力、自学习能力、容错能力,善于在复杂的环境下充分逼近非线性系统,满足多种约束条件。船体结构具有复杂性、动态性和不可重复的高度非线性特点,变量多且关系复杂,很难用确切的数学模型和力学模型描述,结构选型、结构分析和设计的重复性工作会增加分析的计算量,由于自然条件、环境、人为因素的影响,采集的数据也具有一定的随机性、模糊性和不确定性。这就使传统分析方法常常面临困难,尤其是对于具有高度非线性和严重不确定性的系统,而人工神经网络在处理这些问题时具有传统方法无法比拟的优越性,神经网络对输入节点没有限制。它适合船体结构工程问题影响因素的多样性。神经元中的激活函数本身可以选用非线性函数,能处理非常复杂的非线性问题,因此人工神经网络在船体结构优化设计中的应用是可行的。

对于无约束问题,可依据已构造的能量函数构造合适的人工神经网络系统,将优化问题以人工神经网络系统来表达,建立无约束优化问题目标函数与人工神经网络系统能量函数的一一对应关系,使无约束优化问题的求解过程等效转化为人工神经网络系统趋向稳态，然后选用数值计算方法对该人工神经网络系统进行稳态的仿真计算。对于有约束的优化问题，可以采用罚函数将有约束优化问题转化为无约束优化问题，然后采用解决无约束优化问题的人工神经网络方法求解。应用神经网络系统进行工程结构优化时，由于一般的神经网络系统具有有限个渐近稳定的平衡点，也就是说，系统能量函数有有限个局部极小点。为了获得全局最优解，一般采用模拟退火算法。此外，利用神经网络进行船体结构优化并不是十全十美的，神经网络结构的设计仍然依赖人的经验。一种"进化算法"随机优化技术可以用来优化神经网络模型，使优化难题得到进一步的解决。已有学者将神经网络与遗传算法结合解决船体结构优化难题。

(4) 粒子群算法

粒子群算法也称粒子群优化(particle swarm optimization，PSO)算法，是一种生物启发式方法，属于群体智能优化算法的一种。它的基本核心是利用群体中的个体对信息的共享，使整个群体的运动在问题求解空间产生从无序到有序的演化过程，从而获得问题的最优解。

用一种粒子来模拟上述的鸟类个体，每个粒子可视为 N 维搜索空间中的一个搜索个体。粒子的当前位置即对应优化问题的一个候选解。粒子的飞行过程即该个体的搜索过程。粒子的飞行速度可根据粒子历史最优位置和种群历史最优位置进行动态调整。粒子仅具有两个属性，即速度和位置。速度代表移动的快慢。位置代表移动的方向。每个粒子单独搜寻的最优解为个体极值。粒子群中最优的个体极值作为当前全局最优解，不断迭代，更新速度和位置，最终可得到满足终止条件的最优解。

粒子群算法是一种高效的并行搜索算法，保留了基于种群的全局搜索策略，操作模型比较简单，可以避免复杂的遗传操作，但算法在后期收敛速度缓慢，且对种群大小不十分敏感。

4) 基于代理模型的优化设计算法

代理模型是一种近似数学模型，它用简单的数学函数近似复杂的耗时系统，在一定的精度下可以代替原分析系统。基于代理模型可以进行敏感度分析、聚类分析和可视化分析，得到原模型的许多特点与性状。常用的代理模型有响应面代理模型、径向基函数代理模型、神经网络代理模型和支持向量机代理模型等。

代理模型的构造一般可分为实验设计(design of experiment，DOE)、计算真实模型的响应值、训练代理模型、检验代理模型精度等步骤。它为现代优化设计打开了一扇新的大门，给耗时的仿真系统创建代理模型，基于代理模型进行优化设计给结构优化设计提供了新思路。

基于代理模型的优化方法可以大幅减少优化过程中有限元分析的次数，从而大幅减少优化时间。有学者比较了基于有限元优化方法和基于代理模型优化方法的效率，同样采用遗传算法，基于有限元优化方法迭代 1051 次，耗时 105.1h，基于支持向量机优化方法迭代 2283 次，耗时(30+6.3)h(30h 为计算样本点的时间，6.3h 为优化时间)。

5.2　基于极限强度的结构优化

5.2.1　极限强度结构优化系统

为使宽扁型江海直达船舶具有优异的市场竞争力，设计安全可靠又经济合理的船体结构很有必要，需进行基于极限强度的船体结构优化设计。从船体结构极限强度角度出发，对结构尺寸、形式及拓扑等展开优化分析，可以获得相同承载能力下轻量化结构设计方案或相同重量下较大极限强度的结构设计方案。

按照功能划分，基于极限强度的结构优化系统可分为前处理、计算求解和后处理三个部分。前处理包括参数化模型(含设计变量)、约束条件等。前处理生成系列计算方案及其数据文件。计算求解进行极限强度计算，得到各方案的极限承载能力。后处理对各方案的计算结果进行处理，获得需要的结构优化方案。

在前处理中，首先建立有限元参数化模型，选取设计变量并设定各变量取值范围，采用优化拉丁超立方实验设计方法采样，将《特定航线江海直达船舶建造规范》(2018)中的相关规定作为边界条件，剔除不满足规范要求的采样点，生成一系列可行的结构设计方案，以及各方案计算求解的输入数据文件。在后处理中，对采样点和样本响应进行特征参量的敏感性分析，可以得到 Pareto 前沿上的设计点，相应的设计方案为优化设计方案，即具有一定极限强度的轻量化结构设计方案或一定重量下具有最大极限强度方案。基于极限强度的结构优化流程图如图 5.1 所示。

在实际优化过程中，由于船体结构复杂、变量众多，每种结构方案的中和轴位置都不尽相同，且需要考虑中拱、中垂等典型工况。为有效实现基于船体结构极限强度的结构优化，需将上述各要素集成起来。基于极限强度的结构优化集成流程图如图 5.2 所示。

基于极限强度的结构优化集成过程可分为四个步骤。

① 在 Static 中，Static.py 为有限元参数化模型的建模脚本文件，通过.bat 文件运行。在这一步中进行一次快速的静力极限强度计算，通过输出.dat 文件输出模型的重量、剖面惯性矩，以及中和轴高度等，保存模型为.cae 文件。

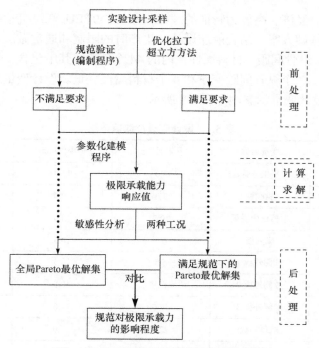

图 5.1　基于极限强度的结构优化流程图

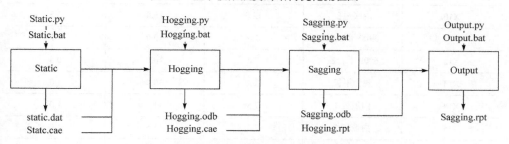

图 5.2　基于极限强度的结构优化集成流程图

② 在 Hogging 中，利用脚本文件 Hogging.py 调用 Static.cae，通过命令流修改计算设置，进行中拱极限强度计算，用 Static.dat 中的数据更新中和轴高度，保存模型为.cae 文件。

③ 在 Sagging 中，将计算文件修改为中垂工况，计算中垂极限弯矩的同时读取 Hogging.odb 文件，并输出中拱极限弯矩.rpt 文件。

④ 在 Output 中，输出中垂极限弯矩.rpt 文件。

5.2.2　设计变量

建立参数化有限元模型之前必须先选取设计变量，以便建模脚本文件的编制。

以节能、环保、经济、高效为特征的"4E"级 1140TEU 江海直达敞口集装箱船的结构设计为基础方案，结合船舶设计、生产时的限制和通常做法，筛选包括板厚、骨材型号、纵骨间距、材料属性在内的 44 个变量，其中包含 23 个板厚变量、14 个型材变量、3 个纵骨间距变量和 4 个材料属性变量。设计变量及取值范围如表 5.1 所示。设计变量示意图如图 5.3 所示。

表 5.1　设计变量及取值范围

序号	变量名称	下限值/mm	上限值/mm	间隔/mm
X1	平板龙骨	8.0	11.0	0.5
X2	船底板	7.0	10.0	0.5
X3	中桁材内底板	10.0	13.0	0.5
X4	舭列板	6.5	10.5	0.5
X5	舷侧外板 1	6.5	10.5	0.5
X6	舷侧外板 2	6.5	10.5	0.5
X7	舷侧外板 3	12.0	17.0	0.5
X8	舷顶列板	22.0	27.0	0.5
X9	内底板	10.0	14.0	0.5
X10	内底边板	12.0	16.0	0.5
X11	3900 平台板	7.0	10.0	0.5
X12	6900 平台板	7.0	10.0	0.5
X13	强力甲板	20.0	30.0	1.0
X14	内舷板 1	7.5	11.5	1.0
X15	内舷板 2	7.5	11.5	1.0
X16	内舷板 3	13.0	18.0	1.0
X17	内舷顶列板	23.0	28.0	1.0
X18	舱口围板	12.0	16.0	1.0
X19	中桁材侧板	9.0	13.0	1.0
X20	旁桁材 1	7.0	10.0	1.0
X21	旁桁材 2	7.0	10.0	1.0
X22	旁桁材 3	7.0	10.0	1.0
X23	船底纵骨	HP160×9	HP220×12	—
X24	内底纵骨	HP180×9	HP220×12	—

续表

序号	变量名称	下限值/mm	上限值/mm	间隔/mm
X25	舭部纵骨	HP140×7	HP220×10	–
X26	外舷侧 1 纵骨	HP180×8	HP220×11	–
X27	外舷侧 2 纵骨	HP160×11	HP200×10	–
X28	外舷侧 3 扁钢	180×18	220×24	–
X29	内舷侧 1 纵骨	HP180×8	HP220×11	–
X30	内舷侧 2 纵骨	HP140×7	HP180×8	–
X31	内舷侧 3 扁钢	180×18	220×22	–
X32	舱口围板加强筋	180×18	220×22	–
X33	3900 平台纵骨	HP140×7	HP160×9	–
X34	6900 平台纵骨	HP140×7	HP160×9	–
X35	甲板纵骨	HP180×10	HP240×11	–
X36	舱口围板纵骨	200×12	200×16	–
X37	中桁材纵骨	T140×70×8×8	T260×130×11×11	–
X38	船底纵骨间距	500、530、622、640		
X39	舭部纵骨间距	340、400、472、590		
X40	舷侧纵骨间距	500、520、600、620		
X41	船底材料	235	355	–
X42	舷侧 1 材料	235	355	–
X43	舷侧 2 材料	235	355	–
X44	顶部材料	235	355	

对于该江海直达集装箱船，舱内会布置标准集装箱，双层底内旁桁材设置在箱脚位置可有效传递载荷，对结构强度有利，因此旁桁材间距不作为变量考虑。相应的旁桁材间的底纵骨间距的可变范围也受到限制，考虑实际状况和船体结构设计规则，纵骨间距作为设计变量按一定的间距均匀变化是不现实的，很容易出现违背实际的结构形式。因此，可以预先设计四种满足生产及规范要求的纵骨布置形式，在其中进行优选。舭部及舷侧采用相同的处理方式。纵骨间距处理示意图如图 5.4 所示。

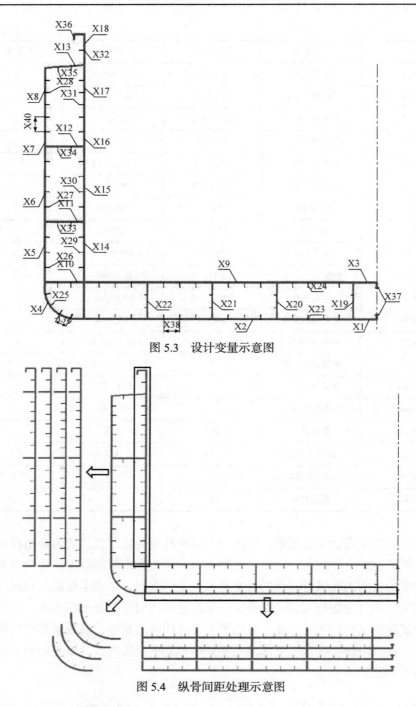

图 5.3　设计变量示意图

图 5.4　纵骨间距处理示意图

随着材料科学技术的发展，高强度钢、合金钢等广泛应用于船舶与海洋工程结构。采用高强钢后，同等形式及尺寸下的结构可以承受的载荷水平更高，为结构轻量化带来巨大的空间。钢材是理想弹塑性材料，采用高强度钢，若空间分布不均匀会使局部结构应力水平变化，导致应力集中现象，因此可以对高强钢分布采用分块简化的方法，沿型深方向分为四块。每一块的材料相同，优化时考虑船用普通碳素钢(屈服应力 235MPa)与船用高强度钢(屈服应力 355MPa)两种钢材。材料分块示意图如图 5.5 所示。

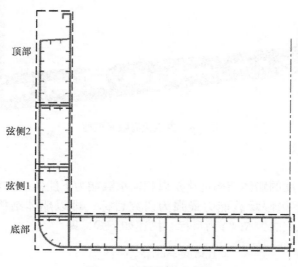

图 5.5　材料分块示意图

5.2.3　参数化模型

　　明确设计变量可以使编辑参数化建模的脚本文件有的放矢。由于船体结构较为复杂，在编写建模脚本文件时，要注意脚本文件的通用性，即建模过程中考虑变量之间的约束，同时在设计变量的取值发生变化时能够正确生成对应的模型。在给构件赋属性阶段，由于构件位置和数量不固定，同一构件在原组中对应的编号会发生变化，不能再用原始的方式进行赋值。这也是考虑纵骨间距作为设计变量后，建模难度和工作量大大增加的部分。session.journalOptions.setValues (replayGeometry=COORDINATE,recoverGeometry=COORDINATE)命令将选取方式改为基于空间的方式。faces =f.findAt(((x,y,z),))命令可以返回空间中的点所在的构件。faces = f.getByBoundingBox(xMin,yMin,zMin,xMax,yMax,zMax)命令可返回一长方体范围内的构件。getByBoundingCylinder (x1,y1,z1,x2,y2,z2,r)、getByBoundingSphere(x,y,z,r)命令可返回圆柱、球体范围内的构件。

　　极限强度计算可采用双跨模型，即从强横框架出发向前向后各半个横框架间距的剖面模型，划分网格、载荷施加、创建分析步等可按照常规的方法进行。建立的参数化有限元模型如图 5.6 所示。

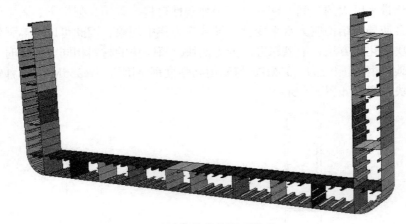

图 5.6　参数化有限元模型

5.2.4　目标函数

基于极限强度的船体结构优化是以相同承载能力下船体结构重量最轻或同等船体结构重量下极限承载能力最强为研究目标，即以船体结构单位长度重量 $M(X)$、极限承载能力 $S(X)$ 为目标，描述如下式，即

$$\text{find } X = [x_1, x_2, \cdots, x_{44}]^{\mathrm{T}} \tag{5.1}$$

$$\min F(x) = [M^{-1}(X), S(X)]^{\mathrm{T}} \tag{5.2}$$

$$\text{s.t.} \quad g_i(X) \leqslant 0, \quad i = 1, 2, \cdots, 44 \tag{5.3}$$

式中

$$M(X) = \sum_{i=1}^{23} \mathrm{tp}_i l_i + \sum_{j=1}^{14} n_j (b_j \mathrm{tf}_j + h_j \mathrm{tw}_j) \tag{5.4}$$

式中，tp_i 为板材厚度；l_i 为板材宽度；i 为板材序号；n_j 为对应骨材的数量；b_j 为骨材面板宽度；tf_j 为骨材面板厚度；h_j 为骨材腹板高度；tw_j 为骨材腹板厚度；j 为骨材序号。

5.2.5　约束条件

采用优化拉丁超立方实验设计方法对设计变量在其取值范围内进行采样组合，经过非线性求解器计算可以得到各组合的极限弯矩值，建立各组合极限弯矩-结构质量关系，进而对采样结果进行敏感性分析，提取 Pareto 前沿。由于实际的船体结构设计必须满足规范要求，因此将规范中的相关规定设置为约束条件。这样得到的结果更加合理且符合实际，可直接用做结构设计方案。

设计变量涉及纵骨间距和材料属性,这类变量对板厚、最小剖面模数等其他设计变量会产生影响,并且在校核骨材尺寸时,带板宽度、厚度的变化也会对结果产生影响。设计变量取值的约束与其他设计变量的取值存在函数关系,这使约束条件成为动态约束条件,必须将规范中的相关规定编制成程序,利用程序对各采样点进行验证、筛选,不满足的采样点自动剔除,满足的采样点才认为满足约束条件。

基于规范要求编制的验证和筛选程序具有如下功能。

① 对所有规范条文涉及的设计变量的尺寸进行规范校核,程序保留规范公式系数的输入接口,且与主尺度参数关联,对其他同类型船舶同样适用。

② 对于骨材变量,程序给出了型材库内满足规范最基本要求的骨材型号,用于辅助设计决策。

③ 对于骨材类型,程序设定包括扁钢、角钢、T 型材和球扁钢等四种类型。

④ 对于骨材剖面积和模数的计算,可考虑带板宽度与厚度的影响,与规范规定的数值进行比较可以判定是否满足规范要求。

5.3　基于极限强度的结构优化结果

利用优化拉丁超立方设计方法进行实验采样,选取适当数量的采样点,然后用规范校核程序筛选剔除不满足规范要求的采样点,对各有效采样点进行中垂、中拱状况下的极限强度计算,可得到各采样点的极限强度、结构质量等响应结果。当采样点与样本响应数量很大时,可进行特征参量的敏感性分析,对优化结果进行剖析。

5.3.1　敏感性分析

当采样点与样本响应数量很大时,使用 Minitab 软件可以方便轻松地获取敏感性分析结果。Minitab 是强大的数理统计、数据处理软件,其中的实验设计功能可以帮助用户更加有效地分析影响流程的决定性因素和交互效应。利用 Minitab 将各设计变量对结构质量 m、中拱极限弯矩 M_{hog}、中垂极限弯矩 M_{sag} 的敏感性进行分析可以得到各变量的敏感度。由于变量数目较多,选取典型的主要变量,相关敏感性结果分别如图 5.7~图 5.9 所示。

典型设计变量对结构质量 m 的影响如图 5.7 所示。对结构质量影响最大的变量为内底板,其他依次是船底板、舷侧纵骨间距、船底纵骨间距、舷侧外板等;内底板和船底板所占面积比例最大,舷侧纵骨间距和船底纵骨间距影响纵骨的数量,进而影响结构重量。各变量对结构重量的贡献度与事实基本相符,可见应用 Minitab 中标准化效应分析变量的敏感性是有效可行的。

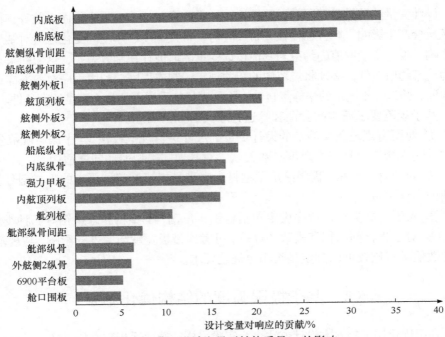

图 5.7　典型设计变量对结构质量 m 的影响

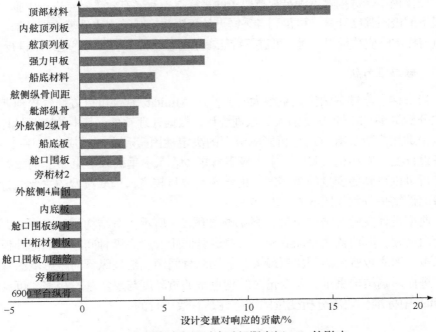

图 5.8　典型设计变量对中垂极限弯矩 M_{sag} 的影响

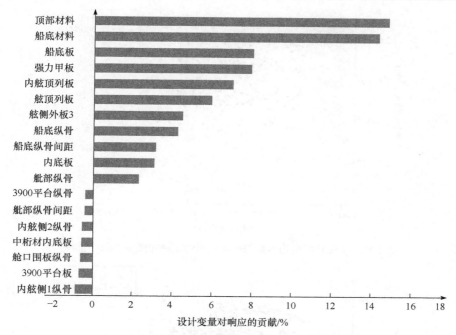

图 5.9　典型设计变量对中拱极限弯矩 M_{hog} 的影响

　　典型设计变量对中垂极限弯矩 M_{sag} 的影响如图 5.8 所示。典型设计变量对中拱极限弯矩 M_{hog} 的影响如图 5.9 所示。由此可见，对 M_{sag} 和 M_{hog} 贡献最显著的是顶部材料屈服强度。顶部结构是离中和轴较远的构件，较大的材料屈服强度能有效提高船体结构极限承载能力。对中垂极限弯矩 M_{sag} 贡献度依次为顶部材料、内舷顶列板、舷顶列板、强力甲板等设计变量。这些设计变量均为距离中和轴较远的船顶部构件。对中拱极限弯矩 M_{hog} 贡献度最大的是顶部材料和船底材料，其次是船底板、强力甲板、舷顶列板和舷顶列板等构件。由此可见，船体结构材料对中垂极限弯矩和中拱极限弯矩的敏感度最高，其次是远离中和轴的构件，在江海直达船舶船体结构设计中要特别注意。

5.3.2　优化结果

1) 响应分布

　　经优化计算，可得到各采样点对应的单位长度结构重量与中垂极限弯矩 M_{sag}、中拱极限弯矩 M_{hog} 的关系，以及 Pareto 前沿。单位长度结构重量与中垂极限弯矩分布图及 Pareto 前沿如图 5.10 所示。单位长度结构重量与中拱极限弯矩分布图及 Pareto 前沿如图 5.11 所示。

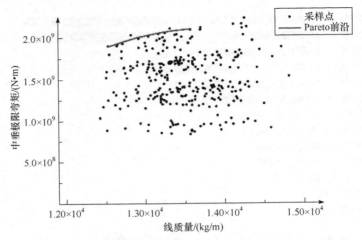

图 5.10　单位长度结构重量与中垂极限弯矩分布图及 Pareto 前沿

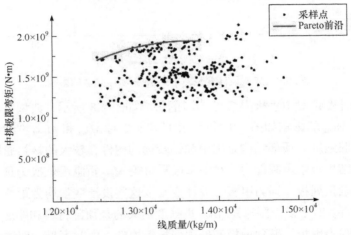

图 5.11　单位长度结构重量与中拱极限弯矩分布图及 Pareto 前沿

　　一般而言，结构重量的增加会使结构强度和极限强度有所加强，船体结构重量-极限弯矩关系曲线应该具有从重量轻、极限弯矩小向重量大、极限弯矩增大的趋势。在所有变量的取值范围内，总能找到一个变量组合，使重量最大或最小。一般可以认为，它们对应的极限承载能力相应地为最强或最弱，其余的采样点总会落在这两个点连线的附近。本章采用 NFEM 计算船体结构极限强度，受计算时间限制，采样点有限，极限强度优化所需的设计变量较多，各变量的取值范围会比较窄，所以只能反映完整可行域的一部分，无法完整反映其增长的趋势。可行域分析如图 5.12 所示。

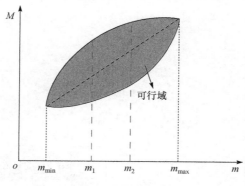

图 5.12　可行域分析

2) 规范的影响分析

本章在进行基于极限强度的结构优化时采用优化拉丁超立方设计方法进行采样，选取适当数量的采样点，然后用规范校核程序，筛选剔除不满足规范要求的采样点。为了探究规范对优化结果的影响，对原始采样点进行中垂及中拱状态下的优化分析，分别得到 Pareto 前沿，并将分析结果与采用规范筛选剔除后的结果进行比较。规范对结构重量与中垂极限弯矩和 Pareto 前沿的影响如图 5.13 所示。规范对结构重量与中拱极限弯矩和 Pareto 前沿的影响如图 5.14 所示。

可以看出，随着结构重量的增加，构件尺寸不满足规范要求的概率越来越低，两条 Pareto 前沿逐渐接近。在结构重量较轻时，二者有较大的差异，这意味着进行极限强度结构优化时用规范校核程序筛选剔除不满足要求的采样点是非常必要的，否则得到的结构轻量化设计方案因不满足规范要求而无法实施。

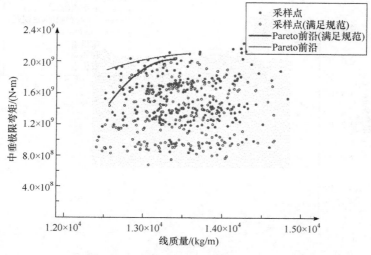

图 5.13　规范对结构重量与中垂极限弯矩和 Pareto 前沿的影响

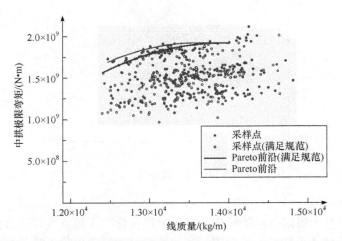

图 5.14　规范对结构重量与中拱极限弯矩和 Pareto 前沿的影响

3) 优化结果分析

经过上述优化计算，可以得到 Pareto 前沿上的解，不仅满足对目标函数的要求，同时也满足规范的要求，为可行方案。将初始方案与 Pareto 前沿上的解进行比较，中垂工况各方案比较如图 5.15 所示，中拱工况各方案比较如图 5.16 所示。

不论是中垂状态还是中拱状态，Pareto 前沿都较初始方案有较大改善。在中垂、中拱极限弯矩不减小的前提下，结构重量最多可以降低 4.5% 和 6.3%。在结构重量不增加的前提下，中垂、中拱极限弯矩最多可提高 16.5% 和 19.6%。

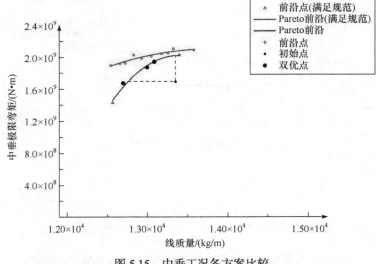

图 5.15　中垂工况各方案比较

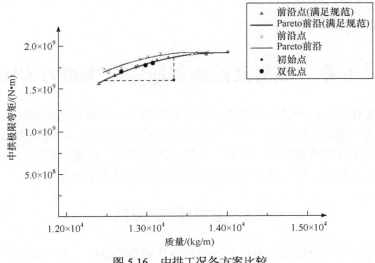

图 5.16　中拱工况各方案比较

　　将满足规范要求的中垂状态和中拱状态 Pareto 前沿上的解提取出来，有三个解同时存在于这两种状态的 Pareto 前沿上，可以认为它们是在中垂状态和中拱状态下都相对较优的解，称为双优解。其中两个双优解在两种状态下均比初始方案更优，即具有更大的极限承载能力和更轻的结构重量，可作为优化设计方案。

5.4　本章小结

　　本章首先介绍基于极限强度的结构优化系统和优化流程，以 1140TEU 江海直达敞口集装箱船为例进行设计变量、参数化模型、目标函数、约束条件、敏感性分析和优化结果分析等基于极限强度的结构优化工作。

　　首先，选取包括纵骨间距、材料属性、板材厚度、纵骨尺寸在内的各个变量，并设定各变量取值范围，以极限弯矩与单位长度结构重量为目标，编写参数化有限元建模脚本，利用优化拉丁超立方实验设计方法对设计变量在其取值范围内进行采样组合，选取合适数量的采样点，以《特定航线江海直达船舶建造规范》(2018)规定的尺寸为约束条件，筛选剔除不满足要求的采样点。然后，进行非线性求解得到各采样方案的极限弯矩值，建立极限弯矩-结构重量关系，对采样结果进行敏感性分析，提取 Pareto 前沿，获得在降低结构重量的同时有较强结构极限强度设计方案。

第 6 章　江海直达船舶船体结构动力响应

由于长江中下游天然航道及桥梁净空高的限制，江海直达船舶往往设计为宽扁型，在海上遭遇大风浪时，容易在波浪动载荷作用下发生结构动力屈曲和动力屈服，引起承载能力的降低，导致发生严重海难事故。因此，研究江海直达船舶船体结构动力响应，对安全可靠合理的船体结构设计有重要意义。

6.1　动力稳定理论

动力稳定性的分析方法可以分为解析方法和数值方法，对于简单理想结构，可以通过数学推导得到它们的理论解，常用的解析法有 Mathieu-Hill 方程法、伽辽金法、摄动法等。实际的结构往往相对复杂，难以得到理论解，如加筋板结构。加强筋的存在会造成板壳的不连续性，使理论求解存在困难。这时数值解法能较好地解决这个难题，得到精度令人满意的近似解，如有限元法、有限差分法等。

6.1.1　Mathieu-Hill 方程

以图 6.1 所示的简支杆受压为例，两端简支压杆的静力平衡方程可表示为

$$EI\frac{\partial^4 \omega}{\partial x^4} + P\frac{\partial^2 \omega}{\partial x^2} = 0 \tag{6.1}$$

式中，E 为弹性模量；I 为截面惯性矩；ω 为扰度；P 为外载荷。

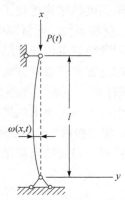

图 6.1　简支杆受压示意图

当轴向载荷是动载荷 $P(t)$ 时，根据达朗贝尔原理引入惯性力项，并忽略横截面旋转惯性力和阻尼的影响，可得压杆的运动方程

$$EI\frac{\partial^4 \omega(x,t)}{\partial x^4} + P(t)\frac{\partial^2 \omega(x,t)}{\partial x^2} + m\frac{\partial^2 \omega(x,t)}{\partial t^2} = 0 \tag{6.2}$$

式中，m 为单位长度压杆的质量。

利用分离变量法，设挠曲函数为

$$\omega(x,t) = f_k(t)\sin\frac{k\pi x}{l}, \quad k = 1,2,3,\cdots \tag{6.3}$$

式中，$f_k(t)$ 为仅与时间 t 相关的未知函数；l 为简支杆长度；正弦项为满足两端简支杆边界条件和失稳形式的基本函数。

式(6.3)代入式(6.2)，可得

$$\left(m\frac{\mathrm{d}^2 f_k(t)}{\mathrm{d}t^2} + EI\frac{k^4\pi^4 f_k(t)}{l^4} - P(t)\frac{k^2\pi^2 f_k(t)}{l^2} \right)\sin\frac{k\pi x}{l} = 0 \tag{6.4}$$

使式(6.4)恒成立的充分必要条件是括号中的式子值恒为零，通过整理可以得到如下形式的等式，即

$$\frac{\mathrm{d}^2 f_k(t)}{\mathrm{d}t^2} + \omega_k^2\left(1 - \frac{P(t)}{P_{cr}} \right)f_k(t) = 0 \tag{6.5}$$

式中，$\omega_k = \frac{k^2\pi^2}{l^2}\sqrt{\frac{EI}{m}}$ 为压杆的 k 阶固有频率；$P_{cr} = \frac{k^2\pi^2 EI}{l^2}$ 为压杆的第 k 阶静态欧拉临界力。

当动载荷为周期变化载荷时，为使公式简洁，不妨设动载荷为形如式(6.6)的简谐载荷，P_s 与 P_d 为载荷静力分量与载荷动力振幅分量，其他形式的周期载荷也可通过傅里叶级数表示为正余弦形式，不会对方程的性质造成影响，即

$$P(t) = P_s + P_d\cos\theta t \tag{6.6}$$

则式(6.5)可以写为

$$f_k^{''} + \Omega^2(1 - 2\mu\cos\theta t)f_k = 0 \tag{6.7}$$

式中，$\Omega = \omega_k\sqrt{1 - \frac{P_s}{P_{cr}}}$；$\mu = \frac{P_d}{2(P_{cr} - P_s)}$。

式(6.7)是标准的 Mathieu 方程式，是一个带有多个参数的二阶常微分方程。压杆的动力稳定性可以通过函数 $f_k(t)$ 的收敛性判别。

① 当方程的解 $f_k(t)$ 随着时间 t 发散时，可认为结构处于动力不稳定状态。

② 当方程的解 $f_k(t)$ 具有周期性时，可认为结构处于临界状态。

③ 当方程的解 $f_k(t)$ 随着时间 t 收敛时，可认为结构处于动力稳定状态。

显然，函数 $f_k(t)$ 的收敛性取决于结构自身的属性，以及外载荷相关的参数 Ω、μ、θ 等，因此结构在周期载荷作用下的失稳行为又称为结构的参数振动。

6.1.2　Mathieu 方程的解

由上节可知，Mathieu 方程解的性质可以判别结构的动力稳定性。本节具体分析方程中的参数如何决定解的性质。

设 $f(t)$ 是式(6.7)的一个特解，那么 $f(t+T)$ 也是方程的一个特解，T 是动载荷的周期，$T = 2\pi/\theta$。对于两个线性无关的解 $f(t)$ 与 $g(t)$，满足以下初始条件，即

$$\begin{cases} f(0)=1, & f'(0)=0 \\ g(0)=0, & g'(0)=1 \end{cases} \tag{6.8}$$

由微分方程参数项的周期性可知，$f(t+T)$ 与 $g(t+T)$ 也是方程的解，且它们可以由下列线性组合表示，即

$$\begin{cases} f(t+T)=a_1 f(t)+a_2 g(t) \\ g(t+T)=b_1 f(t)+b_2 g(t) \end{cases} \tag{6.9}$$

形如式(6.9)的线性变换可以转化为式(6.10)的形式，使系数矩阵对角化，即

$$\begin{cases} f^*(t+T)=r_1 f^*(t) \\ g^*(t+T)=r_2 g^*(t) \end{cases} \tag{6.10}$$

式中，r 的值取决于特征值方程式，即

$$\det \begin{bmatrix} a_1-r & a_2 \\ b_1 & b_2-r \end{bmatrix}=0 \tag{6.11}$$

将初始条件式(6.8)代入式(6.9)及其一阶微分，可得

$$\begin{cases} a_1=f(T) \\ b_1=g(T) \\ a_2=f'(T) \\ b_2=f'(T) \end{cases} \tag{6.12}$$

将式(6.12)代入式(6.11)并展开，可得关于 r 的一元二次方程，即

$$r^2-2Ar+B=0 \tag{6.13}$$

式中，$A=1/2(f(T)+g(T))$；$B=f(T)g'(T)-g(T)f'(T)$。

$f(t)$ 与 $g(t)$ 是式(6.7)的两个解，则有

$$f''(t)+\Omega^2(1-2\mu\cos\theta t)f(t)=0 \tag{6.14a}$$

$$g''(t)+\Omega^2(1-2\mu\cos\theta t)f(t)=0 \tag{6.14b}$$

式(6.14a)×$g(t)$–式(6.14b)×$f(t)$，可得

$$f(t)g''(t) - g(t)f''(t) = 0 \tag{6.15}$$

由分步积分法则，对式(6.15)逐项积分，可得

$$f(t)g'(t) - g(t)f'(t) = \text{const} \tag{6.16}$$

代入式(6.8)可确定等式右边的 $\text{const} = 1$，因此有

$$B = f(T)g'(T) - g(T)f'(T) = 1 \tag{6.17}$$

即式(6.13)的常数项为 1。$r^2 - 2Ar + 1 = 0$ 的两个根的 r_1 和 r_2 满足 $r_1 r_2 = 1$。

形如式(6.10)的方程的解可以表示为

$$f^*(t) = \xi(t)\mathrm{e}^{\frac{t}{T}\ln r} \tag{6.18}$$

式中，$\xi(t)$ 为某一周期 T 的周期函数。

显然，$f^*(t + T) = \xi(t)\mathrm{e}^{\left(\frac{t}{T}+1\right)\ln r} = rf^*(t)$ 满足式(6.10)。式(6.18)又可写为

$$f^*(t) = \xi(t)\mathrm{e}^{\frac{t}{T}\ln r} = \xi(t)\mathrm{e}^{\frac{t}{T}(\ln|r|+i\arg r)} = \kappa(t)\mathrm{e}^{\frac{t}{T}\ln|r|} \tag{6.19}$$

式中，$\kappa(t) = \xi(t)\mathrm{e}^{\frac{it}{T}\arg r}$ 为有界函数。

Mathieu 方程的通解可以表示为

$$f(t) = C_1\kappa_1(t)\mathrm{e}^{\frac{t}{T}\ln|r_1|} + C_2\kappa_2(t)\mathrm{e}^{\frac{t}{T}\ln|r_2|} \tag{6.20}$$

式中，C_1 和 C_2 为任意不同时为零的常数。

6.1.3　动力不稳定区域的确定

由 6.1.1 节可知，结构动力稳定性可以通过函数 $f(t)$ 的收敛性判断，而 $f(t)$ 收敛性又取决于式(6.18)中特征根 r 的模。由于特征根需要满足条件 $r_1 r_2 = 1$，因此 Mathieu 方程的通解可以分为以下三种情况。

① 当 r_1 和 r_2 为实数根，且其中某一根的模大于 1 时，$f(t)$ 是随时间 t 增长而发散的函数，此时结构处于动力不稳定状态。

② 当 r_1 和 r_2 为复数根时，r_1 和 r_2 必为一对共轭复数，此时 $f(t)$ 为有界函数，结构处于动力稳定状态。

③ 当 $r_1 = r_2 = \pm 1$ 时，通解 $f(t)$ 处于有限解与发散解的分界线上，此时结构处于临界状态。

如果将 Mathieu 方程的参数绘制在一个坐标平面上，那些使通解收敛或者发散的区域将分割参数平面，即结构的动力稳定和不稳定区域以临界解为界限分隔开来。因此，找到 Mathieu 方程临界解存在的参数条件即可确定结构的动力不稳定区，判别结构的动力稳定性。方程临界解对应的特征根为重根，即 $r_1 = r_2 = 1$ 或 $r_1 = r_2 = -1$。由式(6.10)可得，当重根为 1 时，$f(t)$ 是周期为 T 的周期函数，当重根为 -1 时，$f(t)$ 是周期为 $2T$ 的周期函数。因此，周期相同的解包围着动力不稳定区域，而周期不同的解包围着稳定区域。

利用傅里叶级数寻求 $f'' + \Omega^2(1 - 2\mu\cos\theta t)f = 0$ 的周期解，将周期为 $2T$ 的解展开为下列级数形式，即

$$f(t) = \sum_{k=1,3,5,\cdots}^{\infty} \left(a_k \sin\frac{k\theta t}{2} + b_k \cos\frac{k\theta t}{2} \right) \tag{6.21}$$

将级数(6.21)代入方程，由于 $\sin\dfrac{k\theta t}{2}$ 与 $\cos\dfrac{k\theta t}{2}$ 相互独立，等式恒成立的条件是它们的系数为零，可以得到关于 a_k 和 b_k 的齐次线性方程组，即

$$\begin{cases} \left(1 + \mu - \dfrac{\theta^2}{4\Omega^2}\right)a_1 - \mu a_3 = 0 \\ \left(1 - \dfrac{k^2\theta^2}{4\Omega^2}\right)a_k - \mu(a_{k-2} + a_{k+2}) = 0 \end{cases} \tag{6.22a}$$

$$\begin{cases} \left(1 + \mu - \dfrac{\theta^2}{4\Omega^2}\right)b_1 - \mu b_3 = 0 \\ \left(1 - \dfrac{k^2\theta^2}{4\Omega^2}\right)b_k - \mu(b_{k-2} + b_{k+2}) = 0 \end{cases} \tag{6.22b}$$

齐次线性方程组存在非零解的充分必要条件是方程组的系数行列式等于零，式(6.22a)与式(6.22b)仅第一项中有符号的不同，可合并写为式(6.23)，也就是临界频率方程式，即

$$\det \begin{bmatrix} 1 \pm \mu - \dfrac{\theta^2}{4\Omega^2} & -\mu & 0 & \cdots \\ -\mu & 1 - \dfrac{9\theta^2}{4\Omega^2} & -\mu & \cdots \\ 0 & -\mu & 1 - \dfrac{25\theta^2}{4\Omega^2} & \cdots \\ \vdots & \vdots & \vdots & \end{bmatrix} = 0 \tag{6.23}$$

周期为 T 的解可展开为

$$f(t)=b_0+\sum_{k=2,4,6,\cdots}^{\infty}\left(a_k\sin\frac{k\theta t}{2}+b_k\cos\frac{k\theta t}{2}\right) \tag{6.24}$$

同理，可以得到另外一组临界频率方程式，即

$$\det\begin{bmatrix}1-\dfrac{\theta^2}{\Omega^2} & -\mu & 0 & \cdots \\[2mm] -\mu & 1-\dfrac{4\theta^2}{\Omega^2} & -\mu & \cdots \\[2mm] 0 & -\mu & 1-\dfrac{9\theta^2}{\Omega^2} & \cdots \\[2mm] \vdots & \vdots & \vdots & \end{bmatrix}=0 \tag{6.25a}$$

$$\det\begin{bmatrix}1 & -\mu & 0 & 0 & \cdots \\[2mm] -2\mu & 1-\dfrac{\theta^2}{\Omega^2} & -\mu & 0 & \cdots \\[2mm] 0 & -\mu & 1-\dfrac{4\theta^2}{\Omega^2} & -\mu & \cdots \\[2mm] 0 & 0 & -\mu & 1-\dfrac{9\theta^2}{\Omega^2} & \cdots \\[2mm] \vdots & \vdots & \vdots & \vdots & \end{bmatrix}=0 \tag{6.25b}$$

通过求解式(6.23)与式(6.25)可确定结构的各阶动力不稳定区域，但对于无穷阶的行列式而言，难以显式求得它的表达式。常用的方法是推导动力不稳定区域边界的近似公式。

(1) 第一个动力不稳定区域

第一个动力不稳定区域的边界由周期为 $2T$ 的解确定，取式(6.23)的一阶行列式并令其为零，即可得到它的一阶近似公式，即

$$\theta=2\Omega\sqrt{1+\mu} \tag{6.26}$$

为使公式更加精确，考虑二阶近似解，即

$$\det\begin{bmatrix}1\pm\mu-\dfrac{\theta^2}{4\Omega^2} & -\mu \\[2mm] -\mu & 1-\dfrac{9\theta^2}{4\Omega^2}\end{bmatrix}=0 \tag{6.27}$$

将临界频率的一阶近似解式(6.26)代入二阶行列式(6.27)对角线下方的元素中，即可得到临界频率的二次近似公式，即

$$\theta = 2\Omega\sqrt{1\pm\mu+\frac{\mu^2}{8\pm9\mu}} \tag{6.28}$$

式(6.28)中根号下的 $\mu^2/(8\pm9\mu)$ 为二次近似的修正值，即当 $\mu=0.7$ 时，一阶近似公式与二阶近似公式的计算值相差仅在 1%之内，由一阶近似式(6.26)所得的结果也足够精确。

(2) 第二个动力不稳定区域

第二个动力不稳定区域的边界由周期为 T 的解确定，取式(6.25a)与式(6.25b)的二阶行列式，即

$$\begin{cases} \det\begin{bmatrix} 1-\dfrac{\theta^2}{\Omega^2} & -\mu \\ -\mu & 1-\dfrac{4\theta^2}{\Omega^2} \end{bmatrix}=0 \\[4mm] \det\begin{bmatrix} 1 & -\mu \\ -2\mu & 1-\dfrac{\theta^2}{\Omega^2} \end{bmatrix}=0 \end{cases} \tag{6.29}$$

得到的第二个动力不稳定区域边界的临界频率近似公式为

$$\begin{cases} \theta=\Omega\sqrt{1+\dfrac{1}{3}\mu^2} \\[3mm] \theta=\Omega\sqrt{1-2\mu^2} \end{cases} \tag{6.30}$$

(3) 第三个动力不稳定区域

第三个动力不稳定区域的边界需要回到周期为 $2T$ 的解中，取它的二阶行列式并令其为零，即可得到临界频率的近似公式，即

$$\theta=\frac{2}{3}\Omega\sqrt{1-\frac{9\mu^2}{8\pm9\mu}} \tag{6.31}$$

以 μ 为横坐标，$\theta/2\Omega$ 为纵坐标，将结构的前三个动力不稳定区绘制在参数平面上。如图 6.2 所示，阴影部分为动力不稳定区域。从图中可知，前三个不稳定区域的范围逐渐减小，第一个动力不稳定区域占据绝大部分，因此称为结构的主要动力不稳定区域。

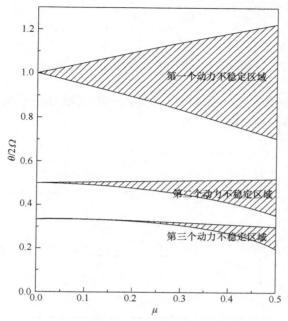

图 6.2　结构的前三个阶动力不稳定区域

6.2　板格动力稳定分析

船体板格以加强筋为边界分隔成的矩形板作为船体结构最基本单位。研究其在动载荷作用下的动力稳定对船体结构安全可靠有重要意义。本节采用解析法探究板格在轴向均布周期载荷作用下的动力稳定性，对四边自由支持矩形板的动力不稳定区域进行探讨。

6.2.1　矩形薄板的动力学方程

根据薄板理论，薄板弯曲面的微分方程为

$$\frac{\partial^4 \omega}{\partial x^4} + 2\frac{\partial^4 \omega}{\partial x^2 \partial y^2} + \frac{\partial^4 \omega}{\partial y^4} = \frac{q(x,y)}{D} \tag{6.32}$$

式中，$D = Eh^3/12(1-\nu^2)$ 为板的抗弯刚度，ν 为泊松比；$q(x,y)$ 为垂直于板面的分布载荷。

如果考虑薄板同时受到横向载荷 N_x、N_y、N_{xy} 的作用，由于面内横向载荷的存在，板内除产生弯曲应力外，还会产生平面应力。对于薄板的任意微元，在不计体力的情况下，横向载荷满足平衡方程，即

$$\begin{cases} \dfrac{\partial N_x}{\partial x} + \dfrac{\partial N_{xy}}{\partial y} = 0 \\ \dfrac{\partial N_y}{\partial y} + \dfrac{\partial N_{xy}}{\partial x} = 0 \end{cases} \tag{6.33}$$

由于板的弯曲的发生，板微元也会发生一定的挠曲(图 6.3)，横向载荷 N_x、N_y、N_{xy} 与 xy 平面呈一定的夹角。

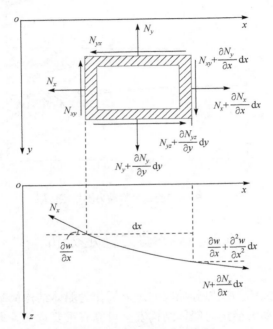

图 6.3　薄板微元受力示意图

N_x 在 z 轴的投影为

$$-N_x \mathrm{d}y \frac{\partial \omega}{\partial x} + \left(N_x + \frac{\partial N_x}{\partial x} \mathrm{d}x \right) \left(\frac{\partial \omega}{\partial x} + \frac{\partial^2 \omega}{\partial x^2} \mathrm{d}x \right) \mathrm{d}y \tag{6.34}$$

略去高阶小量，可得

$$N_x \frac{\partial^2 \omega}{\partial x^2} \mathrm{d}x \mathrm{d}y + \frac{\partial N_x}{\partial x} \frac{\partial \omega}{\partial x} \mathrm{d}x \mathrm{d}y \tag{6.35}$$

同理，可得 N_y、N_{xy}、$N_{yx}(N_{xy}=N_{yx})$ 在 z 轴的投影分别为

$$N_y \frac{\partial^2 \omega}{\partial y^2} \mathrm{d}x \mathrm{d}y + \frac{\partial N_y}{\partial y} \frac{\partial \omega}{\partial y} \mathrm{d}x \mathrm{d}y \tag{6.36}$$

$$N_{xy} \frac{\partial^2 \omega}{\partial x \partial y} \mathrm{d}x \mathrm{d}y + \frac{\partial N_{xy}}{\partial x} \frac{\partial \omega}{\partial y} \mathrm{d}x \mathrm{d}y \tag{6.37}$$

$$N_{xy} \frac{\partial^2 \omega}{\partial x \partial y} \mathrm{d}x\mathrm{d}y + \frac{\partial N_{xy}}{\partial y} \frac{\partial \omega}{\partial x} \mathrm{d}x\mathrm{d}y \tag{6.38}$$

将式(6.35)~式(6.38)与分布载荷 $q(x,y)\mathrm{d}x\mathrm{d}y$ 叠加起来，并根据平衡方程组(6.33)间的关系，可得板单位面积荷重强度，即

$$q(x,y) + N_x \frac{\partial^2 \omega}{\partial x^2} + N_y \frac{\partial^2 \omega}{\partial y^2} + 2N_{xy} \frac{\partial^2 \omega}{\partial x \partial y} \tag{6.39}$$

考虑动力因素，根据达朗贝尔原理，在平衡方程(6.32)中引入惯性项 $\rho h \dfrac{\partial^2 \omega}{\partial t^2}$，其中 ρ 为薄板密度，h 为板厚，则薄板在忽略阻尼项情况下的动力学微分方程为

$$\frac{\partial^4 \omega}{\partial x^4} + 2\frac{\partial^4 \omega}{\partial x^2 \partial y^2} + \frac{\partial^4 \omega}{\partial y^4} = \frac{1}{D}\left(q + N_x \frac{\partial^2 \omega}{\partial x^2} + N_y \frac{\partial^2 \omega}{\partial y^2} + 2N_{xy} \frac{\partial^2 \omega}{\partial x \partial y} - \rho h \frac{\partial^2 \omega}{\partial t^2} \right) \tag{6.40}$$

6.2.2　简支矩形薄板的 Mathieu 方程

图 6.4 所示的四边简支矩形板受到沿 x 轴方向的局部周期载荷的作用，此时 $q=0$、$N_x = -P(t)$、$N_y = 0$、$N_{xy} = 0$。

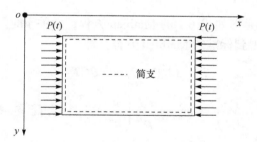

图 6.4　四边简支矩形板受力示意图

利用分离变量法将挠度函数 $\omega(x,y,t)$ 分离为挠曲函数 $W(x,y)$ 和未知函数 $T(t)$。$W(x,y)$ 是满足简支矩形板边界条件和失稳形式的基本函数，$T(t)$ 是仅与时间 t 相关的某一函数，即

$$\omega(x,y,t) = W(x,y)T(t) \tag{6.41}$$

此时的动力稳定微分方程化为

$$\rho h \frac{\partial^2 T(t)}{\partial t^2} W(x,y) + \left(D\Delta\Delta W(x,y) + P(t)\frac{\partial^2 W(x,y)}{\partial x^2} \right)T(t) = 0 \tag{6.42}$$

将屈曲挠曲函数 $W(x,y)$ 展开为满足所有边界条件的双三角级数，即

$$W(x,y) = \sum_{m=1}^{\infty}\sum_{n=1}^{\infty} A_{mn}W_{mn} = \sum_{m=1}^{\infty}\sum_{n=1}^{\infty} A_{mn} \sin\frac{m\pi x}{a}\sin\frac{n\pi y}{b} \tag{6.43}$$

式中，a 和 b 为板在 x 和 y 方向的尺寸；m 和 n 为板屈曲时沿 x 和 y 方向的半波数。

由 Galerkin 变分法，式(6.42)可变换为

$$\iint_s \left[\rho h \frac{\partial^2 T(t)}{\partial t^2} W(x,y) + \left(D\Delta\Delta W(x,y) + P(t)\frac{\partial^2 W(x,y)}{\partial x^2} \right) T(t) \right] \delta W \mathrm{d}s = 0 \qquad (6.44)$$

将式(6.43)代入式(6.44)有

$$\sum_{m=1}^{\infty}\sum_{n=1}^{\infty} \iint_s \left[\rho h \frac{\partial^2 T(t)}{\partial t^2} W(x,y) + \left(D\Delta\Delta W(x,y) + P(t)\frac{\partial^2 W(x,y)}{\partial x^2} \right) T(t) \right] W_{mn} \delta A_{mn} \mathrm{d}s = 0$$

$$(6.45)$$

系数 δA_{mn} 具有独立性和任意性，可得

$$\iint_s \left[\rho h \frac{\partial^2 T(t)}{\partial t^2} W + \left(D\Delta\Delta W + P(t)\frac{\partial^2 W}{\partial x^2} \right) T(t) \right] \sin\frac{m\pi x}{a}\sin\frac{n\pi y}{b}\mathrm{d}x\mathrm{d}y = 0, \quad m,n=1,2,3,\cdots$$

$$(6.46)$$

$$\rho h \frac{\partial^2 T(t)}{\partial t^2} + \left[D\pi^4\left(\frac{m^2}{a^2} + \frac{n^2}{b^2} \right) - P(t)\frac{m^2\pi^2}{a^2} \right] T(t) = 0 \qquad (6.47)$$

可以看出，式(6.47)是形如式(6.7)的 Mathieu 方程，即关于时间 t 的二阶常微分方程，稍作整理可以得到标准的 Mathieu 方程，即

$$T'' + \Omega^2(1 - 2\mu\cos\theta t)T = 0 \qquad (6.48)$$

式中， $\Omega^2 = \omega_{mn}^2\left(1 - \dfrac{P_s}{P_{cr}} \right)$ ， $\omega_{mn}^2 = \dfrac{\pi^4 D}{\rho h}\left(\dfrac{m^2}{a^2} + \dfrac{n^2}{b^2} \right)^2$ 为简支薄板的固有频率；

$\mu = \dfrac{P_d}{2(P_{cr} - P_s)}$ $P_{cr} = \dfrac{\pi^2 D a^2}{m^2}\left(\dfrac{m^2}{a^2} + \dfrac{n^2}{b^2} \right)^2$ 为简支薄板的静态临界载荷。

6.2.3 四边简支矩形薄板的动力不稳定区

本节以典型江海直达船舶的船底板为对象，对其动力不稳定区进行分析。设板长 $a = 2100\mathrm{mm}$ ，板宽 $b = 625\mathrm{mm}$ ，板厚 $h = 11\mathrm{mm}$ ，材料为 AH36 钢，其弹性模量 $E = 2.06 \times 10^5 \mathrm{MPa}$ ，泊松比 $\nu = 0.3$ ，密度 $\rho = 7850\mathrm{kg/m^3}$ 。边界条件为四边简支，受沿板长方向的横向周期载荷 $P(t) = P_d\cos\theta$ 的作用，动载荷的静载分量 P_s 设为零，即不考虑静载分量的影响。

板格的屈曲半波数可通过静态屈曲理论确定，屈曲系数 k 是板长宽比 a/b 的函数。当板格的长宽比 $\sqrt{6} < a/b = 3.36 < \sqrt{12}$ 时，屈曲半波数 $m=3$ ，简支矩形板的一阶屈曲模态将沿板长方向形成三个屈曲半波。

　　按照级数方法解式(6.48)，可求出薄板的动力不稳定区域。前三阶的动力不稳定区域可由式(6.26)、式(6.30)、式(6.31)确定。由于此例不考虑静载分量，可将横坐标设为 $\beta = P_d / P_{cr}$，即动载荷幅值与静态临界力的比值，纵坐标 θ 为动载荷频率。板格动力不稳定区域如图 6.5 所示。

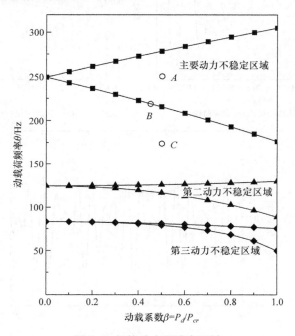

图 6.5　板格动力不稳定区域

　　计算结果表明，主要动力失稳频率大小为板格固有频率的 2 倍左右。这与受迫振动的共振不同，强迫振动的共振响应频率与激励力的频率相同，且激发的共振方向与激励的方向一致，由动力失稳引发的参数振动发生在若干个频率区间上，振动方向与激励力方向相互正交。由于第二、第三等动力不稳定区域的存在，它们的失稳频率逐步减小，因此即使外载荷的频率远小于结构的固有频率，参数振动也可能发生。此外，除主动力不稳定区域外的其余失稳区域的占比都相当小，且激发条件也更为苛刻。从这个意义上讲，在实际工程中，考虑主要动力不稳定区域就可以了。

　　图 6.5 中典型工况 A(动力不稳定区域，$P_d = 0.5 P_{cr}$、$\theta = 250\text{Hz}$)、工况 B(稳定和不稳定区域边界，$P_d = 0.45 P_{cr}$、$\theta = 220\text{Hz}$)和工况 C(动力稳定区，$P_d = 0.5 P_{cr}$、$\theta = 175\text{Hz}$)的典型时域特征动响应曲线如图 6.6 所示。

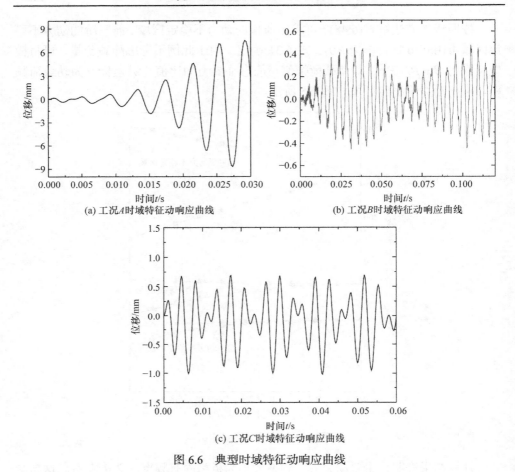

(a) 工况A时域特征动响应曲线　　　　　(b) 工况B时域特征动响应曲线

(c) 工况C时域特征动响应曲线

图 6.6　典型时域特征动响应曲线

6.3　加筋板结构动力稳定

　　加筋板是典型的船体结构单元，由于加强筋的作用使结构上不连续且各向异性，这样就难以采用解析法研究其动力稳定性。本节根据拉格朗日方程及哈密尔顿原理推导结构动稳性的矩阵方程，并利用 Bolotin 方法将动力稳定性问题转换为求解广义特征值问题，以周期性边界条件下加筋板为研究对象，探讨静载系数、加强筋参数、加筋板截面参数等因素对加筋板动力稳定性的影响[40,41]。

6.3.1　动力稳定性方程

　　采用有限元法求解的前提在于建立结构动力稳定的矩阵方程。根据拉格朗日

方程 $L = U + V - T$ 及哈密尔顿原理，结构体系中的能量有如下关系，即

$$\delta \int_{t_1}^{t_2} (U + V - T) \mathrm{d}t = 0 \tag{6.49}$$

式中，U 为结构体系的应变能；V 为外力势能；T 为结构的动能。

$$U = \frac{1}{2} \int_V \sigma \varepsilon_L \mathrm{d}V, \quad V = \frac{1}{2} \int_V \sigma_0 \varepsilon_{NL} \mathrm{d}V, \quad T = \frac{1}{2} \int_V \rho \ddot{u} \dot{u} \mathrm{d}V \tag{6.50}$$

继而可以得到无阻尼情况下结构的平衡方程。即

$$M\ddot{u} + (K - P(t)K_g)u = 0 \tag{6.51}$$

式中，M 为质量矩阵；K 为刚度矩阵；K_g 为关于结构应力水平的对称矩阵，称为初应力矩阵或几何刚度矩阵；u 为结构的位移向量。

设 P_{cr} 为结构的静态临界载荷，考虑动载荷为如下形式的周期性载荷，即

$$P(t) = P_s + P_d \cos \theta t = P_{cr}(\alpha + \beta \cos \theta t) \tag{6.52}$$

代入式(6.51)，可得

$$M\ddot{u} + [(K - \alpha P_{cr} K_g) - \beta P_{cr} \cos \theta K_g]u = 0 \tag{6.53}$$

比较式(6.53)与标准的 Mathieu 方程 $f'' + \Omega^2(1 - 2\mu \cos \theta t)f = 0$，它们具有相同的形式，可以看作带有周期系数的二阶 Mathieu 微分方程，从而根据 Bolotin 方法求方程的周期解，且方程的收敛性可以由周期为 $2T$ 和 T 的解为边界确定，分别将两类解以傅里叶级数的形式展开，即

$$\begin{cases} u = \displaystyle\sum_{k=1,3,5,\cdots}^{\infty} \left(a_k \sin\left(\frac{k\theta t}{2}\right) + b_k \cos\left(\frac{k\theta t}{2}\right) \right) \\ u = \{b\}_0 + \displaystyle\sum_{k=2,4,6,\cdots}^{\infty} \left(a_k \sin\left(\frac{k\theta t}{2}\right) + b_k \cos\left(\frac{k\theta t}{2}\right) \right) \end{cases} \tag{6.54}$$

将式(6.54)代入式(6.53)中，利用正余弦项之间线性独立的关系，令其系数为零可以得到以下线性方程组，即

$$\begin{bmatrix} P + Q - \dfrac{\theta^2}{4}M & -Q & 0 & \cdots \\ -Q & P - \dfrac{9\theta^2}{4}M & -Q & \cdots \\ 0 & -Q & P - \dfrac{25\theta^2}{4}M & \cdots \\ \vdots & \vdots & \vdots & \end{bmatrix} \begin{bmatrix} a_1 \\ a_3 \\ a_5 \\ \vdots \end{bmatrix} = 0 \tag{6.55a}$$

$$\begin{bmatrix} P+Q-\dfrac{\theta^2}{4}M & -Q & 0 & \cdots \\[2mm] -Q & P-\dfrac{9\theta^2}{4}M & -Q & \cdots \\[2mm] 0 & -Q & P-\dfrac{25\theta^2}{4}M & \cdots \\[2mm] \vdots & \vdots & \vdots & \end{bmatrix}\begin{bmatrix} b_1 \\ b_3 \\ b_5 \\ \vdots \end{bmatrix}=0 \tag{6.55b}$$

$$\begin{bmatrix} P-\theta^2M & -Q & 0 & \cdots \\ -Q & P-4\theta^2M & -Q & \cdots \\ 0 & -Q & P-9\theta^2M & \cdots \\ \vdots & \vdots & \vdots & \end{bmatrix}\begin{bmatrix} a_2 \\ a_4 \\ a_6 \\ \vdots \end{bmatrix}=0 \tag{6.55c}$$

$$\begin{bmatrix} P & -Q & 0 & \cdots \\ -2Q & P-\theta^2M & -Q & \cdots \\ 0 & -Q & P-4\theta^2M & \cdots \\ \vdots & \vdots & \vdots & \end{bmatrix}\begin{bmatrix} b_2 \\ b_4 \\ b_6 \\ \vdots \end{bmatrix}=0 \tag{6.55d}$$

式中，$P=K_E-\alpha P_{cr}K_g$；$Q=\dfrac{1}{2}\beta P_{cr}K_g$。

　　式(6.54)存在非零解的充要条件是其系数矩阵为奇异矩阵。据此可得四组行列式方程，从一阶行列式方程可得主要动力不稳定区域的临界解，即

$$\left(K-\alpha P_{cr}K_g\pm\frac{1}{2}\beta P_{cr}K_g-\frac{\theta^2}{4}M\right)u=0 \tag{6.56}$$

　　式(6.56)的解可以看作矩阵 $K-\alpha P_{cr}K_g\pm 1/2\beta P_{cr}K_g$ 与质量矩阵 M 的广义特征值，由此可得由载荷幅值系数 α、β 和载荷频率 θ 等参数决定的动力不稳定区域。这样结构的动力稳定性问题就可以转化为结构矩阵的广义特征值问题。可以看出，当 $\alpha=0$，$\beta=0$，$\theta\neq0$ 时，令 $\theta=2\omega$，式(6.56)变为 $(K-\omega^2M)u=0$，是求解结构自由振动方程；当 $\alpha\neq0$，$\beta=0$，$\theta=0$ 时，式(6.56)变为 $(K-\alpha P_{cr}K_g)u=0$，是求解结构特征值屈曲方程；当 $\alpha\neq0$，$\beta=0$，$\theta\neq0$ 时，令 $\theta=2\omega$，式(6.56)变为 $(K-\alpha P_{cr}K_g-\omega^2M)u=0$，是求解含有预应力的结构自由振动方程；当 $\alpha\neq0$，$\beta\neq0$，$\theta\neq0$ 时，式(6.56)变为求解结构动力稳定性方程，就是本节需要求解的方程。

6.3.2　加筋板计算模型

选取江海直达船舶典型三跨加筋板模型进行计算,其尺寸和边界条件如图 6.7 所示。板格长度 $a = 2550\text{mm}$,板格宽度 $b = 850\text{mm}$,加强筋尺寸为 $h \times b_f \times t_w/t_f = 600 \times 150 \times 15/20\text{mm}$ 。材料为 AH32 高强度钢,弹性模量 $E = 2.06 \times 10^5 \text{MPa}$,泊松比 $\nu = 0.3$,屈服应力取 $\sigma_Y = 315\text{MPa}$,密度 $\rho = 7850\text{kg/m}^3$ 。板和加强筋均采用四边形壳单元进行离散,网格大小取为 50mm。

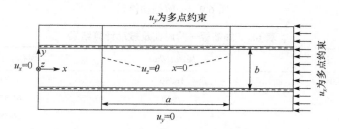

图 6.7　加筋板模型的尺寸和边界条件

计算模型采用周期性边界条件,即在加筋板的四条边中,两两对边分别具有相同的位移模式。这样可将此三跨加筋板模型看作从船底板架中提取出来的一个典型结构单元,它与相邻的加筋板具有相同的边界条件,采用这种边界条件能较好地利用局部模型反映整体结构的性质。除周期性边界条件外,三跨加筋板模型的中间强构件比其他构件强得多,可用约束条件 $(u_z = \theta_x = 0)$ 代替,加载端各节点的纵向位移保持一致,下端面各节点约束横向自由度,上端面各节点的横向自由度保持一致。

板厚分别取 $t_p = 32$, 20, 15, 12, 9.5, 6.5mm,相应细长比为 $\gamma = 1.04, 1.66, 2.21,$ 2.76, 3.49, 5.10 ,分别进行不同细长比的加筋板特征值屈曲分析和固有模态分析。加筋板一阶屈曲及振动计算结果如表 6.1 所示。一阶屈曲模态如图 6.8 所示。一阶振动模态如图 6.9 所示。

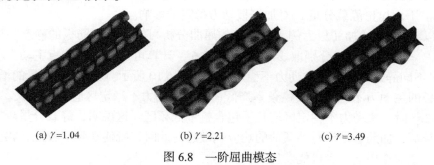

(a) $\gamma = 1.04$　　　　　(b) $\gamma = 2.21$　　　　　(c) $\gamma = 3.49$

图 6.8　一阶屈曲模态

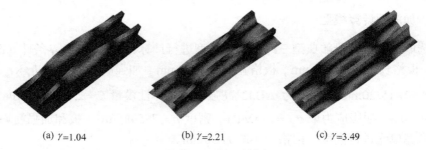

  (a) $\gamma=1.04$　　　　　　　(b) $\gamma=2.21$　　　　　　　(c) $\gamma=3.49$

图 6.9　一阶振动模态

表 6.1　加筋板一阶屈曲及振动计算结果

细长比 γ	屈曲/(N/m)	固有频率/Hz
1.04	16890	65.83
1.66	7948	61.85
2.21	4357	56.58
2.76	2771	52.74
3.49	1729	49.46
5.10	792	43.13

  随着板细长比的增加，加筋板屈曲临界载荷迅速降低，特征屈曲模态也由加强筋腹板的局部屈曲(厚板，细长比较小时)变成板格屈曲和加强筋腹板的局部屈曲(中厚板，细长比适中时)，以及板格的屈曲(薄板，细长比较大时)，说明板格对船体结构弹性屈曲起着非常大的作用。随着板细长比的增加，一阶振动频率降低，基本呈线性关系。振动模态由加强筋局部振动(细长比较小时)经过板筋联合振动(细长比适中时)，最终以板格振动为主(细长比较大时)的变化过程。

6.3.3　载荷系数对动力稳定性的影响

  周期载荷 $P(t)=P_s+P_d\cos\theta t=P_{cr}(\alpha+\beta\cos\theta t)$ 可分为静载分量 P_s 与动载荷幅值 P_d。下面讨论静载分量 P_s 对加筋板动力稳定的影响。

  以 $\gamma=2.21$ 的加筋板为例，由上节的屈曲分析可知，该加筋板的静态临界载荷为 $P_{cr}=4357\text{N/m}$，分别取 $\alpha=0、0.2、0.4、0.6$，计算可以得到加筋板主动力不稳定区。不同静载分量下的主动力不稳定区域如图 6.10 所示。随着静载分量的增加，加筋板的主动力不稳定区失稳频率降低，同时主动力不稳定区间范围变大。当 α 接近 1.0 时，主动力不稳定区域几乎包含整个低频区。这说明，静载分量越接近临界载荷，加筋板结构对动载荷的响应越敏感。此时，既使在频率较低、幅值较小的动载荷作用下，也可能发生失稳破坏。

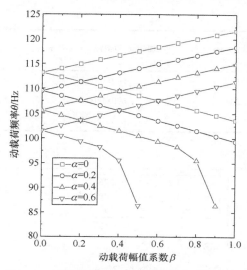

图 6.10　不同静载分量下的主动力不稳定区域

　　从特定航线江海直达船舶遭遇的波浪载荷频率来看，波浪动载荷并不能直接使船体结构发生屈曲破坏。当船舶遇到极限海况时，船体结构会受到总纵弯曲引起的较大静载荷作用，此时结构的动力稳定性会大大降低，较低频率的周期性载荷仍有较大概率使船体结构发生动力失稳崩溃。

6.3.4　板细长比对动力稳定性的影响

　　为探讨板细长比对动力稳定性的影响，本节设计 6 组剖面模数基本相同的加筋板结构。加筋板参数如表 6.2 所示。静载分量取 $\alpha = 0$，分别进行这 6 组加筋板的动力稳定分析，得到的不同板细长比下的主动力不稳定区域如图 6.11 所示。

　　随着板细长比的增加，动力失稳频率逐渐降低，同时不稳定区域的范围也逐渐缩小。在船体结构设计中，最小剖面模数通常是衡量加筋板结构强度的重要指标，在最小剖面模数相同的前提下，板细长比不同的加筋板动力稳定性的差异还是非常大的。因此，在进行江海直达船舶船体结构设计时要综合考虑外载荷的幅值和频率范围，选取合适的尺寸可以确保船体结构具有足够的稳定性。

表 6.2　加筋板参数

细长比 γ	板厚 t_p/mm	加强筋(角钢) $h \times b_f \times \dfrac{t_w}{t_f}$/mm	最小剖面模数 W/mm³
1.04	6.5	600×150×16.5/23.5	3.04×10⁶
1.66	9.5	600×150×15/22.5	3.03×10⁶
2.21	12	600×150×14/22.5	3.05×10⁶

细长比 γ	板厚 t_p/mm	加强筋(角钢) $h \times b_f \times \dfrac{t_w}{t_f}$/mm	最小剖面模数 W/mm³
2.76	15	600×150×15/20	3.04×10⁶
3.49	20	600×150×14/20	3.05×10⁶
5.10	32	600×150×14/18	3.05×10⁶

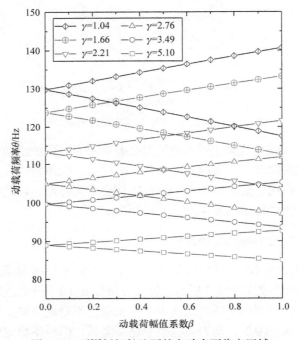

图 6.11　不同板细长比下的主动力不稳定区域

6.3.5　加强筋间距对动力稳定性的影响

　　加强筋间距是船体结构设计中的重要设计参数，为研究加强筋间距对动力稳定性的影响，我们设计五种典型加强筋间距的加筋板结构。典型加筋板参数如表 6.3 所示。对该系列加筋板结构进行动力稳定分析，可以得到不同加强筋间距下的主动力不稳定区域(图 6.12)。

　　随着加强筋间距减小，加强筋截面占比增加，动力失稳频率增大，动力不稳定区域整体上移。加强筋间距对结构动力稳定性的影响是显著的，加强筋越密集，越能有效提高动力稳定性。

表 6.3　典型加筋板参数

加强筋间距 /mm	板厚 t_p/mm	加强筋(角钢) $h \times b_f \times \dfrac{t_w}{t_f}$ /mm	加强筋截面积占比
1100	11	600×150×8/18	0.11
725	11	600×150×8/18	0.20
625	11	600×150×8/18	0.23
425	11	600×150×8/18	0.30
300	11	600×150×8/18	0.38

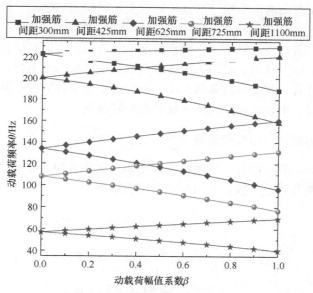

图 6.12　不同加强筋间距下的主动力不稳定区域

6.4　弹塑性动力响应

本节在分析江海直达船舶船体结构特点和受载特性的基础上，分析各动力屈曲准则适用性，选取 Budiansky-Roth 准则，对材料应变率、初始变形等因素对动力屈曲的影响进行讨论。随后对加筋板在动态载荷作用下的动力极限强度进行计算分析，并将其与静力极限强度、崩溃模式作对比。

6.4.1　动力屈曲准则

由于动力屈曲的复杂性，目前还没有一种既有合理的理论基础，又可以方便使用的判别准则，比较常用的动力屈曲准则有以下几种。

① Hoff-Hsu 准则。该准则认为当系统的总能量不再减小时，将趋于一个临界点 P_0。如果随着时间的增加，系统总能量达到 P_0，则认为结构是稳定的。在具体的结构应用中可以确定动力屈曲条件的上下限，但这种上下限是一种保守的估计，在使用数值方法计算时，可能因过分保守而丢失部分平衡点。

② Routh 准则(小扰动准则)。在一个基本运动上迭加一个小扰动，可得到关于扰动的控制微分方程，然后忽略方程中的非线性项，得到一个线性摄动方程。临界动力屈曲载荷定义为使摄动方程的解趋于无解的最小载荷值。

③ Budiansky-Roth 准则(B-R 准则)。该准则通过运动方程直接求解位移和载荷的关系。如果载荷的微小增量可以导致较大的结构动力响应，则认为该载荷是结构的临界载荷。

B-R 准则尽管存在计算量大、判别精度不高等问题，但它能较好的在数值计算和实验中确定临界载荷。我们采用该准则确定加筋板的动力极限强度，通过系列非线性屈曲计算，改变载荷幅值大小。当加筋板的位移响应在某一载荷幅值下达到突变效果时，即认为该动载荷为此时的极限载荷。

6.4.2 初始变形对动力屈曲的影响

初始变形对加筋板的静力屈曲有重要影响。本节就初始变形对加筋板结构动力屈曲的影响展开讨论。板格的初始变形可表示为

$$\omega_{0pl} = \begin{cases} 0.025\beta^2 t \sin\dfrac{m\pi x}{a}\sin\dfrac{\pi y}{b}, & \text{轻微} \\[2mm] 0.1\beta^2 t \sin\dfrac{m\pi x}{a}\sin\dfrac{\pi y}{b}, & \text{平均} \\[2mm] 0.3\beta^2 t \sin\dfrac{m\pi x}{a}\sin\dfrac{\pi y}{b}, & \text{严重} \end{cases} \tag{6.57}$$

式中，β 为加筋板细长比，$\beta = b/t_p\sqrt{\sigma_Y/E}$，$b$ 为板宽，t_p 为板厚，σ_Y 为屈服应力；m 为加筋板板格的屈曲半波数。

加强筋的初始变形为

$$\omega_{0s} = 0.0015a\frac{z}{h_w}\sin\frac{\pi x}{a} \tag{6.58}$$

式中，a 为跨距；h_w 为加强筋腹板高度。

计算选取作用时间为 $t_p = T$，幅值为 $P_m = P_0$ 的半正弦载荷，进行不同初始变形水平的加筋板动力屈曲分析，得到的不同初始变形的位移时程曲线如图 6.13 所示。

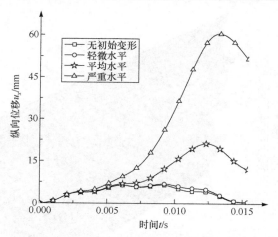

图 6.13　不同初始变形的位移时程曲线

　　从时程曲线可以看出,轻微水平初始变形和无初始变形的动力响应基本相同,而当初始变形达到平均水平和严重水平时,位移响应变得剧烈起来。这与静力屈曲有较大的不同。各种初始变形水平下,纵向位移最大时对应的模态如图 6.14~图 6.17 所示。由此可见,既使轻微水平的初始变形对变形模态的影响也是非常显著的。无初始变形时位移集中在加筋板的端部,而施加初始变形后,加筋板基本都是按照初始变形的挠度形式加剧变形,且初始变形越严重,这种变形模态越明显。

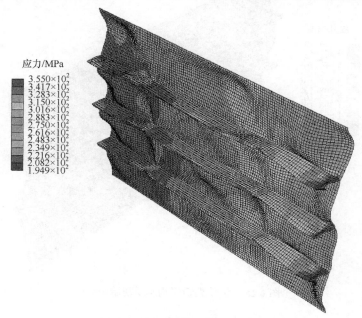

图 6.14　变形模态(无初始变形)

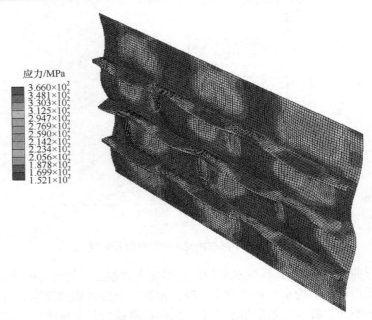

图 6.15　变形模态(轻微水平初始变形)

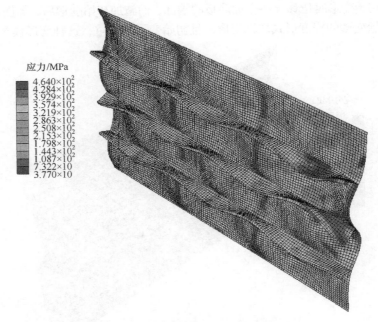

图 6.16　变形模态(平均水平初始变形)

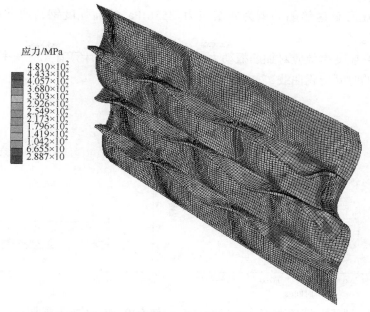

图 6.17　变形模态(严重水平初始变形)

6.4.3　动载荷作用时间与应变率效应

动载荷参数包括载荷的形状、作用时间及载荷峰值等。本节采用的动载荷可表示为 $P(t)=P_m\sin(\pi t/t_p)$，是半正弦形式的载荷。幅值 P_m 以加筋板静力极限强度 P_0 为基准值，计算系列幅值下的动力响应。动载荷的作用时间 t_p 以加筋板的自振周期 T 为基准值，由模态分析可得该加筋板的自由振动周期 $T=0.01538\mathrm{s}$，t_p 分别设置为 T、$T/2$、$T/4$、$T/6$、$T/8$ 等。

该加筋板模型的弹性模量 $E=2.06\times10^5\mathrm{MPa}$，泊松比 $\nu=0.3$，屈服应力 $\sigma_Y=355\mathrm{MPa}$，密度 $\rho=7850\mathrm{kg/m}^3$，采用不考虑材料硬化的理想弹塑性模型。在结构动态分析时，材料的本构关系还需要考虑应变率效应，采用 Cowper-Symonds(C-S)模型进行修正，则动态屈服应力表达式为

$$\sigma_d=\sigma_0\left[1+\left(\frac{\dot{\bar{\varepsilon}}}{D}\right)^{\frac{1}{p}}\right] \tag{6.59}$$

式中，σ_0 为材料的静态屈服应力；$\dot{\bar{\varepsilon}}$ 为等效应变率 $\dot{\bar{\varepsilon}}=\sqrt{\sum\dot{\varepsilon}_{ij}{}^2}$，$\dot{\varepsilon}_{ij}$ 为各个应变率的分量；p 和 D 为应变率参数常量。

　　一般江海直达船舶的钢为屈服应力 355MPa 的高强度钢，通常取 $p=5$，$D=3200\text{s}^{-1}$。

　　为探究应变率效应对加筋板动力屈曲的影响，分别计算有无应变率时加筋板端部位移的时间历程曲线，如图 6.18～图 6.21 所示。

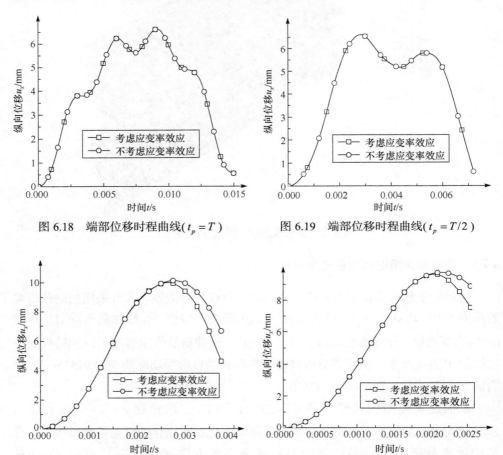

图 6.18　端部位移时程曲线($t_p = T$)　　　图 6.19　端部位移时程曲线($t_p = T/2$)

图 6.20　端部位移时程曲线($t_p = T/4$)　　　图 6.21　端部位移时程曲线($t_p = T/6$)

　　随着加载时间 t_p 从 T 到 $T/6$ 逐渐缩短，应变率效应的作用逐渐显现出来。载荷周期为 T 和 $T/2$ 时，应变率作用很小，位移响应几乎没有区别。当载荷周期缩短到 $T/4$ 之后时，应变率对位移响应的幅值大小影响不大，但考虑应变率效应在位移响幅值之后下降得更快。这说明，考虑应变率效应的结构的动力响应会变得更迅速。这是由于考虑应变率效应后结构的屈服应力会提高，结构进入塑性区域的范围变小造成的。总的来说，应变率效应会给结构动力响应造成一定的影响，但这种影响比较小，并且在高频动载荷情形下，这种影响才会明显体现出来。

值得一提的是，在图 6.13 和图 6.14 中，位移响应曲线并不光顺，存在数个小波峰波谷的抖动。为揭示这一现象，对该加筋板进行谐响应分析，加筋板纵向位移频率响应曲线如图 6.22 所示。该加筋板结构的共振频率约为 300Hz，在图 6.18 与图 6.19 中出现波动的小波峰波谷的周期约为 300Hz，两者基本一致，在动载荷加载过程中发生共振，因此出现这种位移响应曲线波动的现象。当动载荷作用时间更短时，如 $T/4$、$T/6$，纵向位移曲线没有出现这种波动现象。这是因为此时的动载荷周期已经接近谐共振周期，所以端部位移的数值较前两个载荷变大。

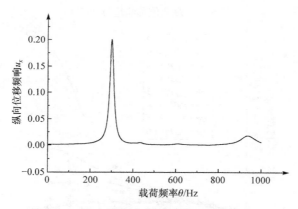

图 6.22　加筋板纵向位移频率响应曲线

6.4.4　动力极限强度

静力极限强度认为船体结构破坏是一次性过载的结果，这显然与实际发生的海难事故有较大差异。实际的船体结构都是在动载荷的作用下逐次发生动力崩溃的。结构的动力极限强度不仅与结构本身有关，还与动载荷的参数密切相关。本节就不同动载荷作用周期，分别进行加筋板动力极限强度，以及动力失效模态分析。

动载荷作用周期按照 $t_p = T/n$，幅值按照 $P_m = \lambda P_0$ 分别施加，初始变形采用平均水平，P_0 为相应的静力极限强度，提取加筋板端部位移的时程曲线，对同种动载荷作用周期不同幅值的结果进行对比，则可根据 B-R 准则确定该载荷作用下加筋板的动力极限强度，如图 6.23～图 6.26 所示。

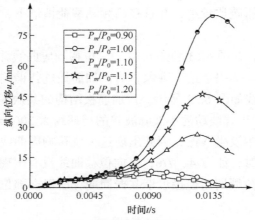

图 6.23　纵向位移响应($t_p = T$)

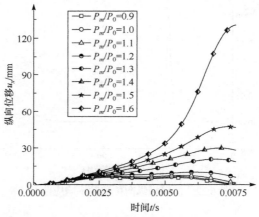

图 6.24　纵向位移响应($t_p = T/2$)

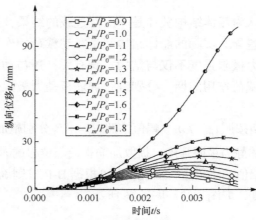

图 6.25　纵向位移响应($t_p = T/4$)

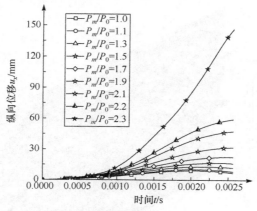

图 6.26　纵向位移响应($t_p = T/6$)

当载荷作用周期相同时,通过不断改变载荷的幅值,寻找使加筋板纵向响应发生突变时对应的载荷,根据 B-R 准则,可以认为该幅值是加筋板在这个载荷周期下的动力极限强度。从位移响应曲线图中可以看出,在各种动载荷周期下,结构的动力极限强度均要大于其静力极限强度,并且载荷作用时间越短,动力极限强度变得越高。这种变化在载荷周期小于自振周期 T 后将变得十分明显。

四种典型载荷作用周期在极限动载荷作用结束时刻的加筋板变形模态分别如图 6.27~图 6.30 所示。动载荷作用周期越短,加筋板整体的变形越小,崩溃越集

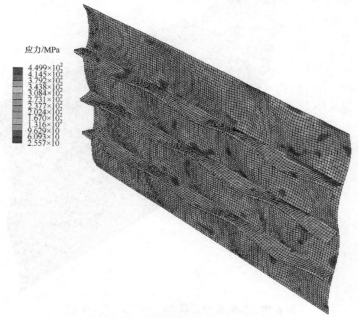

图 6.27　加筋板变形模态($t_p = T$, $P_m = 1.2 P_0$)

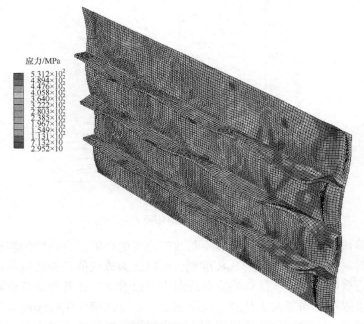

图 6.28　加筋板变形模态($t_p = T/2$，$P_m = 1.6P_0$)

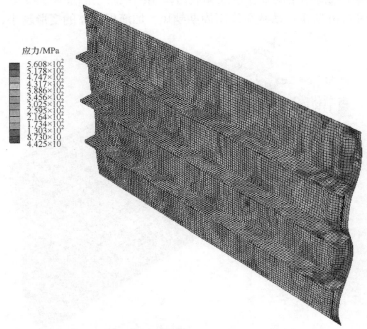

图 6.29　加筋板变形模态($t_p = T/4$，$P_m = 1.8P_0$)

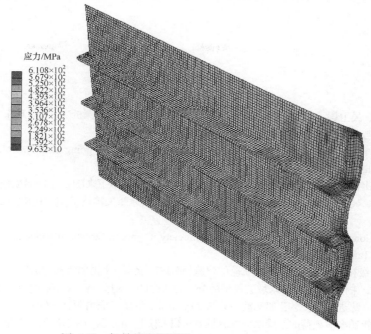

图 6.30　加筋板变形模态($t_p = T/6$，$P_m = 2.3P_0$)

中在载荷作用端。一方面，由于载荷作用时间越短，结构的惯性效应体现得越明显，结构的动能不可忽略。另一方面，材料的应变率效应也变得明显起来，屈服应力明显增大，加筋板结构进入塑性的区域大幅缩小，因此体现出结构的动力极限强度要明显高于静力极限强度。

6.5　本 章 小 结

本章从动力稳定理论出发，首先对板格动力稳定性进行分析，然后对加筋板动力稳定性方程进行分析，探讨静动载荷比、板细长比、加强筋间距等对动力稳定性的影响，最后对加筋板结构弹塑性动力响应进行分析，对初始变形大小、动载荷作用时间、应变率效应、动载荷作用周期及幅值的影响展开分析。通过板格、加筋板动力稳定及弹塑性动力响应分析，可以为全面把握江海直达船舶船体结构动力崩溃特性、设计合理可靠的船体结构提供技术基础支撑。

参 考 文 献

[1] 裴志勇, 吴卫国. "4E"级宽扁型江海直达船结构安全可靠性探析[J]. 武汉理工大学学报(交通科学与工程版), 2018, (3): 378-382.

[2] Pei Z, Yuan Q, Wu W. Development of "4E" level river-sea-going ship[J]. Polish Maritime Research, 2018, 25: 84-90.

[3] 李星. 比日韩沉5%~10%, 中国的空船重量为何就是降不下来[N]. 中国船舶报, 2018-8-8.

[4] 裴志勇, 吴深毅, 吴卫国. 宽扁肥大型江海直达多用途船关键技术[J]. 中国水运, 2016, (10): 11-12.

[5] International Association of Classification Society. Common Structural Rules for Bulk Carriers and Oil Tankers[S]. IACS, 2012.

[6] 中国船级社. 特定航线江海通航船舶建造规范[S]. 北京: 中国船级社, 2017.

[7] 李秀文, 朱博章. 长江口水域波浪谱的分析与研究[J]. 水运工程, 2010, (4): 37-40.

[8] 戴仰山, 沈进威, 宋竞正. 船舶波浪载荷[M]. 北京: 国防工业出版社, 2007.

[9] 李辉. 船舶波浪载荷的三维水弹性分析方法研究[D]. 哈尔滨: 哈尔滨工程大学, 2009.

[10] Bishop R, Price W. Hydroelasticity of Ship[M]. Cambridge: Cambridge University Press, 1979.

[11] Iijima K, Yao T, Moan T. Structural responses of a ship in severe seas considering global hydroelastic vibration[J]. Marine Structures, 2008, 21: 420-445.

[12] Ranjendran S, Fonseca N. Simplified body nonlinear time domain calculation of vertical ship motions and wave loads in large amplitude waves[J]. Ocean Engineering, 2015, 107: 157-177.

[13] 王一雯, 吴卫国, 郑成. 宽扁肥大船型波激振动响应研究[J]. 振动与冲击, 2020, 39(18): 174-180.

[14] 张文华, 刘光明, 吴卫国. 江海通航散货船波浪载荷研究[J]. 武汉理工大学学报(交通科学与工程版), 2011, 35(4): 752-755.

[15] 詹志鹄, 顾晔昕. 船体结构直接计算所需的设计波[J]. 船海工程, 2002, (3): 14-16.

[16] 裴志勇, 田中智行, 藤久保昌, 等. 散货船隔舱重载下极限强度简易计算方法研究[J]. 船舶力学, 2016, (7): 849-857.

[17] 裴志勇, 张水林, 矢尾哲也. 船体结构极限海况下逐次崩溃行为研究[J]. 工程力学, 2015, (3): 225-232.

[18] Pei Z, Iijima K. Simulation on progressive collapse behaviour of whole ship model under extreme waves using idealized structural unit method[J]. Marine Structures, 2015, 40: 104-133.

[19] Pei Z, Xu T, Wu W. Progressive collapse test of ship structures in waves[J]. Polish Maritime Research, 2018, 25: 91-98.

[20] Faltinsen O. The effect of hydroelasticity on ship slamming[J]. Philosophical Transactions of the Royal Society of London, Series A: Mathematical, Physical and Engineering Sciences, 1997, 355(1724): 575-591.

[21] 中国船级社.波激振动和砰击颤振对船体结构疲劳强度影响计算指南[S]. 北京: 中国船级社, 2015.

[22] 刘亮, 任慧龙, 汪蔷, 等. 基于 HCSR 的热点应力插值方法研究[J]. 船海工程, 2013, 42(5): 63-67.

[23] 胡毓仁, 陈伯真. 船舶及海洋工程结构疲劳可靠性分[M]. 北京: 人民交通出版社, 1996.

[24] 冯胜, 程燕平, 赵亚丽, 等. 线性疲劳损伤累积理论的研究[J]. 哈尔滨工业大学学报, 2003, 35(5): 608-610.

[25] 黄小平, 韩芸, 崔维成, 等. 变幅载荷作用下焊接接头疲劳寿命预测方法[J]. 船舶力学, 2005, 9: 89-97.

[26] 姚卫星. 结构疲劳寿命分析[M]. 北京: 国防工业出版社, 2004.

[27] Cui W. A state-of-the-art review on fatigue life prediction methods for metal structures[J]. Journal of Marine Science & Technology, 2002, 7(1): 43-56.

[28] 吴富民. 结构疲劳强度[M]. 西安: 西北工业大学出版社, 1985.

[29] Crupi V, Guglielmino E. Fatigue analysis of butt welded AH36 steel joints: thermographic method and design S-N curve[J]. Marine Structures, 2009, 22(3): 373-386.

[30] 杨晓华, 姚卫星, 段成美. 确定性疲劳累积损伤理论进展[J]. 中国工程科学, 2003, 4: 81-87.

[31] Takao Y, Chou T. Effective longitudinal Young's modulus of misoriented short fiber composites[J]. Journal of Applied Mechanics, 1982, 49(3): 536-540.

[32] 范建华, 许庆余, 孙秦, 等. 一种通用的计算复合材料刚度的有限元方法[J]. 工程力学, 2002, (4): 166-170.

[33] 雷友峰, 魏德明, 高德平. 细观力学有限元法预测复合材料宏观有效弹性模量[J]. 燃气涡轮试验与研究, 2003, (3): 11-15.

[34] 盛颂恩, 陈盼星. 纤维织物增强复合材料等效弹性常数的有限元预测[J]. 浙江工业大学学报, 1999, (3): 49-54.

[35] 高翠萍, 彭劲松. 复合材料上层建筑建造工艺研究[J]. 船舶标准化工程师, 2014, 47(1): 21-24.

[36] 袁萍, 王呈方, 胡勇, 等. 大型船舶三维数控板弯机的研制[J]. 中国造船, 2014, 55(2): 122-131.

[37] 秦洪德. 船舶结构优化设计[M]. 哈尔滨: 哈尔滨工程大学出版社, 2010.

[38] 刘寅东, 卞钢. 基于 ANSYS 的结构拓扑优化及其二次开发[J]. 船舶力学, 2006, 10(2): 120-124.

[39] 肖红文. 基于改进遗传算法的江海直达船结构优化设计研究[D]. 武汉: 武汉理工大学, 2012.

[40] 吴卫国, 杨启中. 加筋板的动力稳定性分析[C]//第四届全国计算力学会议, 大连, 1997: 315-318.

[41] Talimian A, Béda P. Dynamic stability of a thin plate subjected to bi-axial edged loads[J]. Acta Polytech. Hung, 2018, 15(2): 125-139.